당신의 삶이 당신의 강점을 타고
더 높이 더 자유롭게 비상하길 바라며.

——————————————— 드림

결국, 강점

당신에게 주어진 가장 든든한 무기

결국, 강점

초판 1쇄 인쇄 2019년 10월 31일
초판 1쇄 발행 2019년 11월 7일

지은이 유선영

책임편집 최보배
디자인 Aleph design

펴낸이 최현준·김소영
펴낸곳 빌리버튼
출판등록 제 2016-000166호
주소 서울시 마포구 양화로 15안길 3 201호(윤현빌딩)
전화 02-338-9271 | **팩스** 02-338-9272
메일 contents@billybutton.co.kr

ISBN 979-11-88545-69-8 03190
© 유선영, 2019, Printed in Korea

이 도서의 국립중앙도서관 출판예정도서목록(CIP)은 서지정보유통지원시스템 홈페이지(http://seoji.nl.go.kr)와
국가자료공동목록시스템(http://www.nl.go.kr/kolisnet)에서 이용하실 수 있습니다.(CIP제어번호:CIP2019041076)

결국

당신에게 주어진 가장 든든한 무기

| 유선영 지음 |

강점

빌리버튼 billybutton

나답게 살기 위해 왜 우리는 약점 대신 강점과 먼저 만나야 할까?

"나에게도 탁월한 씨앗이 있을까?"

물론입니다. 씨앗이 없었다면, 그 씨앗이 탁월하지 않았다면, 당신은 지금처럼 태어나고 살아내지 못했을 테니까요. 그러나 '씨앗 질문'은 의미가 있습니다. 당신이 권태로울 때 당신이 지쳤을 때, 삶의 방식을 바꾸고 싶을 때 떠오르는 질문이기 때문입니다.

저는 자신에 대한 근본적인 호기심과 갈증인 씨앗 질문과 마주한 사람들을 만나는 사람, 강점 코치입니다. 2014년까지 경영 컨설턴트이던 저는 계획된 우연처럼 '씨앗 질문'을 만났습니다. 그리고 저의 씨앗 질문은 '나'를 넘어 '주변인'을 향했습니다. 그렇게 저는 개인의 탁월함을 발견하는 일에 관심을 가지고 깊이 만나는 일로 이끌려갔습니다. 때로는 재능, 때로는 강점이라고 불리는 개개인의 탁월함. 강점을 주제로 사람들을 만나는 일은 나답게 살고 싶었지만 방법을 몰라 방황하던 저에게 손에 잡히는 병법이었습니다.

지금까지 1만 시간 이상의 강의에서 1만 명과 강점을 주제로 만났습니다. 자신에 대해 깊이 알고 싶은 사람들을 도울 수 있다는 감사함이 크고, 평생 탐구하고 싶은 주제를 만났다는 기쁨도 컸습니다.

그러나 저에게는 점점 커지는 질문과 숙제가 있습니다. 개인의 강점을 만나는 일은 벅찬 순간이지만 강점과의 만남만으로 삶이 달라지지 않는다는 사실이 저를 불편하게 했습니다. 강점과 함께 살아가는 일은 이벤트가 아니라 삶의 태도가 되어야 하니까요.

저와 다르지만 비슷한 고민을 하던 사람이 있었습니다. 키스 맥팔랜드Keith R. McFarland는 20대에 미국 최연소 대학교 학장이 되었고, 자신의 이름으로 대형 컨설팅 회사를 운영하던 경영 자문의 대가입니다. 그런 그가 실무자급 컨설턴트이던 시절, 출장을 가기 위해 비행기에 탑승하게 됩니다. 그리고 비행기에서 그의 옆자리에 앉은 짐 콜린스Jim Collins를 만났습니다.

젊은 컨설턴트였던 그에게 당대 최고의 경영 사상가이자 전설인 짐 콜린스를 만난 일은 생각만 해도 가슴 벅찬 일이었습니다. 이 기막힌 우연을 시시하게 넘길 수 없었던 그는 오래전부터 짐 콜린스에게 하고 싶었던 말을 건넵니다. 기대와 원망, 궁금증이 뒤섞인 질문이었죠.

"짐 콜린스, 저는 당신을 존경하는 경영 컨설턴트입니다. 《좋은 기업을 넘어 위대한 기업으로》라는 책이 저에게 준 영감은 말로 설명할 수 없을 정도죠. 그러나 그 책은 중소기업에게는 너무나 버거운 책입니다. 초우량 기업이나 몇몇 대기업에서나 적용할 수 있는 이야기를 다루고 있어요. 경영 현장의 절대 다수인 중소기업의 고민을 풀어줄 수 있는 책이 꼭 필요합니다. 왜 그 책이 아직 세상에 나오지 않는 걸까요?"

까마득한 후배 컨설턴트의 질문을 들은 짐 콜린스는 조금의 머뭇거림도 없이 대답합니다.

"왜 중소기업의 고민을 풀어줄 수 있는 책이 없느냐고? 그건, 아직 자네가 그 책을 쓰지 않았기 때문이네."

계획된 우연이었을까요? 키스 맥팔랜드는 짐 콜린스와 우연히 만나 주고받은 질문을 통해 중소기업을 직접적으로 도울 수 있는 경영서를 쓰기 시작했습니다.

그렇게 키스 맥팔랜드는 5년 동안 7,000개의 중소기업을 연구하고, 1,500명 이상의 임직원을 만나 심층 인터뷰를 진행했습니다. 더불어 5,600건 이상의 방대한 데이터를 분석했습니다. 그렇게 중소기업을 도울 수 있는 또 한 권의 멋진 책이 세상에 나왔습니다. 책《브레이크스루 컴퍼니》는 그렇게 지금까지도 중소기업 경영자들을 깊이 돕고 있습니다.

때로는 자신이 던진 질문에 자신을 답을 해야만 하는 순간이 옵니다. 저도 그렇게 변화를 원하고, 변화의 시작을 자신의 강점과 함께 마련하고 싶은 사람들을 돕기 위해 묵은 질문에 답하고자 합니다. 제 삶에 찾아온 진지한 숙제를 시작하려 합니다.

이 책은 외국 사례나 기업 경영자 사례 중심으로 정리된 강점 혁명의 메시지가 아닙니다. 기존의 강점 혁명 메시지보다 더 한국적이고, 더 쉽고, 더 실용적이어야 합니다. 진짜우리에게 필요한 강점 혁명은 선언적 메시지가 아니라 우리가 서 있는 곳에서 삶을 조금씩 자신의 강점과 동행할 수 있도록 도울 수 있어야 합니다.
그러기 위해 이 책은 세 가지 지혜를 담았습니다.

첫째, 당신 안의 여러 존재에 대해 이해하는 기회를 담았습니다. 당신 안에는 탁월함도, 탁월하지 못함도 존재한다는 사실을 자연스럽게 만나는 일입니다.
둘째, 당신 안의 탁월함을 발견하는 시간을 담았습니다. 당신 안에 존재하는 탁월함이 구체적으로 무엇인지 성찰하며 찾아가는 과정이 담겨 있습니다.

셋째, 당신의 탁월함이 삶으로 연결될 수 있는 가이드를 담았습니다. 나와 우리의 탁월함이 어떻게 충만한 삶으로 우리를 이끌 수 있는지에 대한 자세한 조언들입니다.

자, 그럼 저와 함께 출발해보실까요? 당신의 약점과 화해하고 강점을 만나고, 강점 기반의 삶으로 진입하는 첫 페이지로 말이지요.

차
례
|

머리말 나답게 살기 위해 왜 우리는 약점 대신 강점과 먼저 만나야 할까? ··· 004

1부 나만의 강점을 만나기 위한 준비운동

1	평범하지 않아서 문제라고요?	··· 015
2	비교 속에서도 유쾌해지는 질문을 아세요?	··· 022
3	약점이 귀여워지는 공식을 아세요?	··· 029
4	감정, 터지기 전에 헤아리기	··· 036
5	어른인 당신이 아이인 당신에게 먼저 손 내밀기	··· 046
6	애정 어린 조언에서 균형 잡기	··· 053

2부 나만의 강점을 이해하는 출발점

1	나를 넘어서는 법	··· 063
2	도전하고 또 도전하던 당신이라는 아이	··· 070
3	온전한 몰입 속에 있던 당신이라는 아이	··· 076
4	스스로 해내고 싶어 애쓰던 당신이라는 아이	··· 080
5	평범함을 향한 노력, 탁월함을 향한 노력	··· 085
6	당신 안의 대표 선수는 누구인가요?	··· 090
7	재능은 완성된 요리가 아니랍니다	··· 097

3부 강점을 삶으로 연결하는 12단계 솔루션

1단계 강점의 흔적 찾기 ··· 109

2단계 강점의 언어와 만나기 ··· 117

3단계 강점 인정하기 ··· 129

4단계 강점으로 부르기 ··· 138

5단계 약점 고백하기 ··· 149

6단계 강약 조절하기 ··· 156

7단계 강점 보호하기 ··· 164

8단계 강점으로 정리하기 ··· 172

9단계 강점으로 프레임 바꾸기 ··· 177

10단계 강점으로 역동하기 ··· 186

11단계 강점으로 리드하기 ··· 195

12단계 강점으로 사랑하기 ··· 202

맺음말 당신이라는 이름의 조나단에게 ··· 209

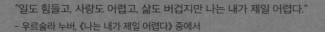

"일도 힘들고, 사랑도 어렵고, 삶도 버겁지만 나는 내가 제일 어렵다."
– 우르술라 누버, 《나는 내가 제일 어렵다》 중에서

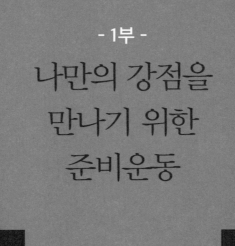

- 1부 -

나만의 강점을
만나기 위한
준비운동

———— 1부는 나만의 강점을 만나고 싶지만, 막상 내 일상이 평온하지 않아서 나를 되돌아보는 시간이 먼저 필요한 분들을 위해 구성되었습니다. 강점은 0이라는 출발점에 있는 현재의 나를 미래의 내가 원하는 목표로 이끌어가는 강력한 동력입니다. 하지만 당신이 평온한 0이 아닌 평온하지 않은 마이너스의 영역을 살아가고 있다면 여러 가지 이유로 움푹 파인 당신의 마음을 안아주고 채워주는 시간이 필요합니다.

그래서 1부에서는 당신의 나다움을 방해하는 6가지 종류의 마이너스 영역을 다루고자 합니다. 당신은 어떤 이유로 나다운 삶으로 진입하지 못하고 있나요?

  1) 평범하지 않아서
  2) 타인과의 비교 때문에
  3) 치명적이라고 생각하는 약점 때문에
  4) 감정^{Emotions}을 조절하지 못해서
  5) 유년시절의 아픔 때문에
  6) 주변인의 기대와 간섭 때문에

어떤 이유라도 좋습니다. 1부에서 당신의 삶에 드리워진 먹구름을 걷어내고, 한동안 잃어버렸던 일상의 평온함을 찾아보시기 바랍니다.

평범하지 않아서
문제라고요?

"넌 그것 때문에 안 돼!"

영화 〈보헤미안 랩소디〉에 등장하는 대사입니다. 전설적인 영국 록그룹 퀸Queen의 삶과 음악적 열정을 오롯이 담아 보여주는 영화이지요. 2018년 가을, 이 영화가 대한민국을 휩쓸면서 퀸의 시대를 살지 않았던 사람들에게도 퀸을 만끽할 시간이 주어졌습니다. 중년들은 영화를 통해 퀸과 함께하던 지나간 청춘을 곱씹었고, 청년들은 세월을 달리 살아 마주하지 못했던 영웅을 마주하고 환영했습니다.

저도 영화관으로 향했습니다. 두 시간 남짓 영화를 보면서 오랜만에 제 심장이 요동치더군요. 눈이 뜨거워졌고, 조마조마한 시간을 지나 속이 후련했습니다. 주인공이자 퀸의 리드 보컬인 프레디 머큐리(이하 프레디)가 보여준 음악가적 매력과 성과도 보기 좋았지만, 그보다 더 큰 영감을 저에게 준 건 그가 삶을 대하는 태도였습니다.

처음부터 전설인 사람은 없지요. 누구나 삶의 첫 페이지는 백지입니다. 프레디도 그랬습니다. 이민자 가정에서 나고 자란 프레디는 공항에서 수하물 노동자로 일하던 평범한 청년이었습니다. 그러나 그는 평범한 삶에 만족하지 않았습니다. 늘 체력이 바닥날 만큼 피곤한 일과를 보냈지만 저녁이면 어김없이 꿈과 닿을 수 있는 곳으로 갔습니다. 평소 동경하던 로컬 밴드 스마일smile의 공연이 열리는 공연장이었습니다.

그렇게 삶과 꿈을 함께 좇던 그에게 기막힌 우연히 찾아옵

니다. 프레디가 동경하던 밴드의 리드 보컬이 밴드를 떠나야
하는 상황이 되었고, 프레디가 이 소식을 현장에서 직접 듣
게 된 것이지요. 그 순간 프레디는 자신이 동경하던 밴드의
차세대 리드 보컬로 한 사람을 추천합니다. 바로 자신이었
습니다. 느닷없이 나타나 자신을 추천하는 젊은이를 보며 기
존 밴드 멤버들은 황당해합니다. 그러고는 냉소를 보냅니다.

"당신은 안돼요. 그 치아도 그렇고……."

프레디 머큐리의 치아가 어떻게 생겼는지 떠오르는 분이
있나요? 그의 앞니는 평범하지 않습니다. 흔히 돌출 치아라
고 부르는데요. 세상 어디에도 '일류 가수의 치아는 이래야
한다'라고 규정된 법이 없지만, 누군가는 제멋대로 규정한
틀 속에 프레디를 대입합니다. 프레디가 대스타가 된 후에
도 "치아 교정은 왜 안 하는 거예요?"라고 묻는 기자가 영
화에 등장하는 걸 보면, 사람들이 제멋대로 규정한 틀은 근
본이 없지만 한번 생기면 널리 퍼지고 오래 우리 주변을 맴
돌게 됩니다.
그러나 그는 기죽지 않습니다. 사람들이 제멋대로 만든 기

1부 나만의 강점을 만나기 위한 준비운동

준을 만날 때도 평온함을 유지합니다. 분노하거나 좌절하지 않고 제일 먼저 자신의 편이 되어줍니다.

> "내가 치아 때문에 밴드의 리드 보컬이 될 수 없다고? 그게 어때서? 이걸 보라고! 내 치아가 남들보다 앞으로 튀어나온 덕분에 내 입속 공간은 남들과 비교할 수 없을 정도로 넓어. 그 넓은 공간에서 만들어지는 고음이 어떨지 상상이 되나? 남다른 치아 덕분에 난 남다른 가창력을 얻었어!"

프레디가 삶을 대하는 태도는 남다릅니다. 거침이 없습니다. 나답게 살아가는 길에 발목을 잡는 일당을 만나면 그들의 근거 없는 공격을 유쾌하게 받아칩니다. 그리고 나답게 살아가는 길로, 자신만의 방식으로 다시 걸어갑니다.

우리가 동경하는 스타, 시대가 기억하는 전설에게도 탁월하지 않은 부분, 즉 약점은 있습니다. 그들도 불완전하고 우리도 불완전합니다. 우리가 불완전해도 괜찮은 이유, 당신도 충분히 영웅과 전설이 될 수 있는 이유가 여기에 있습니다. 이제 감이 오시나요? 모든 면이 탁월한 사람은 없습니다. 모든 면이 탁월한 척하느라 점점 더 외로워지는 사람이 있을 뿐입니다. 완벽하지 않지만 나만의 무기가 분명히 있다는 사실을 알면 나를 옥죄는 불안함이 느슨해집니다. 완벽하지 않은 것 같아서 불안해질 때는 스스로에게 말해주세요.

"완벽하지 않아도 괜찮아! 답은 하나가 아니야. 길도 하나가 아니야. 나만의 답과 나만의 길을 찾자!"

탁월하지 않은 점(약점)은 당신이 당신답게 살아가는 일을 방해하기 위해 있는 것이 아닙니다. 당신의 탁월함을 찾을 수 있는 힌트가 바로 약점입니다. 탁월함으로 가는 힌트가 바로 약점입니다. 돌출된 앞니 뒤에 남보다 넓은 공간을 가졌던 프레디처럼 말이지요.

이제 당신이 지긋지긋하게 생각했던 거대한 약점을 다시 바라보세요. 그 뒤에 숨은 당신만의 탁월함을 떠올려보세요. 그리고 물어보세요. "어디 보자, 약점 뒤에 숨은 나의 탁월한 점(재능)은 무엇일까?"라고요.

잊지 마세요. 당신이 당신의 탁월함을 가장 먼저 믿고 지지할 때 당신 안에 잠들어 있는 최고의 나Best of me, 우리 안에 잠들어 있는 최고의 우리Best of us를 만날 수 있답니다.

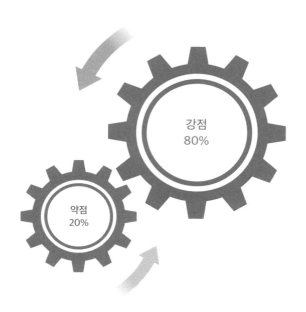

그림 1   당신은 약점과 강점을 어떤 방식으로 바라보고 있나요?

강점으로 살아간다는 것은 약점을 완전히 무시하라는 말이 아닙니다. 다만 강점과 약점의 비율을 조금씩 조정해보세요. 강점과 약점의 비율이 1:9였다면 2:8로 만들어보는 겁니다. 한 번뿐인 당신의 삶은 비극이 아니라 희극이어야 하니까요.

———————————→←———————————

Chapter 2

비교 속에서도
유쾌해지는 질문을 아세요?

———————————→←———————————

자신을 미운 오리 새끼라 여기는 주인공이 있습니다. 그는
능력 있는 옆 동료가 부러우면서도 동시에 밉습니다. 사연
은 이랬습니다.

"입사 4년차에 대리가 되었고 부서 이동이 있었습니다. 잘
나가는 입사 동기인 H와 한 팀이 되었죠.
H는 입사 때부터 프로였습니다. 맡은 일을 거침없이 해냈
죠. 논리적이고 추진력도 있는 친구였습니다. 직장 선배들

의 칭찬이 자자했고, 주변의 인정과 애정은 그 친구에게만 쏟아지는 것 같았습니다.

H와 서로 다른 부서에서 일할 때는 그저 '부럽다' 정도의 마음이었는데, 얼마전부터 같은 부서에서 일하게 되었습니다. H에 대한 부러움도 괴로움으로 변해갔습니다. 대놓고 저와 그 친구를 비교하는 사람은 없지만, 문제는 저입니다. 실력이 부족해서 문제고, 그걸 인정하지도 못 하니 더 문제입니다. 마음이 지옥이 되어갑니다.

앞으로 긴 시간 이 친구와 한 부서에서 함께 지내야 하는데, 나날이 바닥으로 향하는 저의 자존감은 어떻게 회복할 수 있을까요?"

개인과 개인이 만나 조직을 이루면 감정의 진폭이 커집니다. 기쁨은 더 큰 기쁨이 되고, 슬픔은 더 큰 슬픔이 됩니다. 그래서 함께하는 일 속에서는 난기류를 만나는 일도 잦아집니다.

개인의 성과를 증명해야 하는 조직 생활이라면 비교와 평가를 피할 수 없습니다. 고성과자로 불리는 사람과 저성과자로 불리는 사람 모두 각자 스트레스를 받습니다. 고성과자는 지금의 성과와 기대를 유지하기 위해, 저성과자는 현재의 성과와 평판을 벗어나기 위해 고군분투하는 것이 조직 생활이니까요. 성과와 비교는 우리 삶에서 피할 수 없는 일부입니다.

실수와 실패를 극복하기 힘든 대한민국의 문화를 생각하면, 상대적 열위에 섰을 때 다시 상승 곡선을 만들어내는 일은 더욱 절박해집니다. 나와 비교되는 사람이 등장하면 평온하던 마음이 여러 갈래로 나뉘고, 흔들리고, 주눅이 듭니다. 이럴 때는 잠시 멈추어 이렇게 자신에게 물어보세요.

"저 사람이 가진 재능이 부럽다. …… 그런데 그 재능이 나에게도 꼭 필요한 재능일까?"

비교는 과정의 비교가 아니라 성과의 비교여야 합니다. 같은 재능을 가진 두 사람이 한 팀에 있는 것은 재능 낭비이자 비효율입니다. 남이 가진 재능을 가지고 있지 않다면 반가운 일입니다. 남다른 재능을 당신이 가지고 있다는 뜻이기 때문입니다. 두 사람이 목표로 하는 지점이 비슷하다고 해도 목표로 달려가는 길은 다릅니다. 너와 내가 다르니 그와 당신의 길이 달라야 합니다.

옆 사람의 재능을 부러워하고 그것을 흉내 내려고 하면 삶의 주인공이 바뀝니다.

개인의 탁월함을 50년 이상 연구하고 임상 결과를 꾸준히 쌓아온 전문가들의 말에 따르면, 통계적으로 같은 재능을 가진 사람을 만날 확률은 33만 분의 1입니다. 이 숫자는 각자가 가진 상위 재능 5가지를 조사해 그 재능들이 공통으로 존재할 빈도를 말하고 있습니다.

혹여나 5가지 상위 재능을 똑같이 가진 사람을 어렵사리 만난다 해도, 그 사람과 나의 재능은 다릅니다. 두 사람이 자란 환경과 두 사람이 받은 삶의 자극, 두 사람이 주고받은 사람들과의 상호작용이 다를 테니까요. 셰프가 다르면 식재료가 비슷해도 요리의 맛이 확연히 달라집니다.

그래서 개인은 모두 특별합니다. '당신이 특별하다'라는 말은 기분 좋으라고 그냥 하는 말이 아닙니다. 당신의 출발도, 당신의 과정도, 당신의 성취도 특별하다는 사회과학적 믿음입니다. 상대방의 성공 방정식은 참고사항일 뿐입니다. 당신의 성공 방정식을 만들 수 있는 사람도, 그 방정식으로 살아가야 할 사람도, 당신뿐입니다.

"저 사람과 똑같은 재능을 가지고 있지 않은 것이 문제가 되는가?"

전혀 문제가 되지 않습니다. 오히려 반기고 축하해야 할 일이지요. 다른 게 당연하니 움츠러들 일이 없습니다. 어깨를 펴고 내가 목표로 향해 나아가야 할 길을 모색하고 실험하고 수정하고 다듬어가는 일에 시간과 열정을 들여야 합니다. "조직에서 내가 맡은 임무를 달성하는 나만의 길, 나만의 방식은 뭘까?"를 고민하고, 답을 찾기 어렵다면 상사에게 물어보면 될 일입니다.

"상대와 나는 어떻게 다르지?"

저에게도 타인과 자신을 비교하느라 슬픈 아기 새가 있습니다. 딸아이입니다. 딸아이에게는 지극히 성실한 오빠가 있습니다. 초등학교 2학년이 되고부터 자신이 정한 학습 진도에 따라 매일 예습과 복습을 하는 오빠의 모습을 보며, 한 살 어린 딸아이는 자신을 한심하게 생각했습니다. 오빠와 자신이 다르다는 이유로 자신을 한심하게 생각했습니다. 자신이 오빠보다 친구가 많고, 그 이유가 사람들의 표정과 마음을 더 잘 이해하고 공감하는 탁월함 덕분이라는 사실을 알았지만 자신의 탁월함은 오빠의 탁월함보다 시시하다고 여겼습니다. 그래서 자신의 탁월함은 눈여겨보지 않았습니다. 눈여겨보지 않으면 탁월함도 시시합니다. 오빠와 자신을 저울질하는 딸에게 엄마이자 코치인 제가 질문을 해봅니다.

"오빠에게 있는 재능이 부럽니? 그런데 생각해봐. 그 재능이 너에게도 꼭 필요한 재능일까? 엄마는 오빠의 탁월함과 너의 탁월함이 달라서 너무 반가운데. 네가 얼마나 특별한 탁월함을 가졌는지 아니?"

냉장고 앞 조용한 공간에서 엄마에게 질문을 받은 딸아이는 침묵의 시간을 지나 조용히 울었습니다. 그리고 딸은 마음의 지옥에서 조금씩 빠져나왔습니다. 딸아이의 상황은 질문을 받기 전과 크게 달라지지 않았지만, 오빠와 자신을 바라보는 시선이 달라지니 가시밭 같던 마음이 한결 편안해진

듯 보였습니다.

딸은 그렇게 자신만의 탁월함을 사랑해주기로 합니다. 마음이 편안해지니 공부라는 목표를 위해, 자신이 활용할 수 있는 길을 찾았습니다. 목표로 향하는 길이 오빠와 달라도 된다는 사실을 받아들일 수 있었습니다. 그랬습니다. 공부하는 방법은 너무나 다양했습니다.

그렇게 딸아이는 자기만의 공부법을 새롭게 만들어갔습니다. 오빠처럼 치열하게 예습과 복습을 하는 방법보다 수업 시간에 선생님과 초롱초롱 눈을 맞추고, 수업 내용을 노트에 보기 좋게 정리하고, 자신에게 질문하는 친구들과 노트를 공유하며 설명해주는 일이 자신의 방식이라는 사실을 알고 나니 마음이 다시 충만해졌습니다.

비교 때문에 평온했던 일상이 무너질 때, 경쟁 때문에 자신에 대한 믿음이 사라질 때 자신에게 따뜻한 질문 하나를 선물하세요. 당신은 고성과자 옆에 움츠린 저성과자가 아닙니다. 또 다른 재능을 가진 다른 모습의 고성과자입니다.

Chapter 3

약점이 귀여워지는
공식을 아세요?

살면서 몸과 마음의 상태를 최상으로 유지해야 하는 순간이 있지요. 사격도 그렇습니다. 그래서 군사 훈련을 받는 군인도, 실전 사격을 하는 저격수도 본 사격에 앞서 몸과 마음을 최상으로 유지하는 법을 끊임없이 단련합니다. 몸과 마음과 목표물을 잇는 작업이 사격의 핵심 역량이기 때문이지요.

그런 의미에서 사격술 예비훈련PRI, Preliminary Rifle Instruction을 바라보겠습니다. 사격술 예비훈련은 사격수가 어떤 상황에서도 목표를 저격할 수 있도록 다양한 경우에 미리 적응해보는 훈련입니다. 때로는 엎드린 자세로 총을 쏘고, 때로는 쪼그려 앉은 자세로 총을 쏘고, 때로는 서서 총을 쏩니다. 때로는 방독면을 얼굴에 쓰고, 때로는 묵직한 군장을 메고 뛰며 목표물을 조준하고 사격해야 합니다. 어떤 상황에서 사격을 해야 할지 모르니 수많은 상황을 미리 대비하는 훈련은 필수입니다.

그런데 자세히 관찰해보면 상황에 따른 사격 예비훈련의 핵심은 하나입니다. 어떤 경우라도 총의 몸통과 표적의 초점을 일치시키고 유지하며 사격을 하는 것입니다. 그러기 위해 총을 든 사격수는 총과 표적을 장악해야 하고, 자신의 호흡과 자세를 통제해야 합니다. 그렇게 명중의 순간은 오랜 단련으로 만들어집니다.

나답게 살아가는 일, 강점을 삶의 중심에 두고 살아가는 일도 사격과 비슷합니다. 삶 속의 목표는 표적입니다. 재능은 총이라 할 수 있습니다. 총을 다루는 사격수는 바로 당신입니다. 명중을 하기 위해서는 재능을 알고 다룰 수 있어야 하며, 자신을 통제할 수 있어야 합니다.

사격과 나답게 살아가는 길은 준비 운동이 필요한 점도 비슷합니다. 준비 운동이란, 0에서 1로 가기 위해 마이너스(-)에서 0으로 미리 가보는 과정입니다. 강점을 활용해 0에서 1로 나아가기 위해서는 당신 삶의 마이너스 지점인 약점을 다시 바라보아야 합니다.

사실, 약점은 힘이 없습니다. 열정과 노력, 긍정으로 약점을 보완하기 위해 노력했던 시간이 무색할 만큼, 약점은 쉽게 보완되지 않습니다. 애쓰고 애써도 크게 달라지지 않는 약한 지점, 그래서 약점입니다.

사실 약점은 정복 대신 인정을 원합니다. 다시 바라보며 쌓여왔던 오해를 풀고 약점과 화해해야 합니다. 그것이 강점을 만나기 위한 첫 번째 준비 운동입니다.

왜 약점과 화해를 하느냐고요? 약점도, 당신도 죄가 없기 때문입니다. 서로 화해하는 방법을 몰라 지금까지 불편하고 피곤한 동행을 해왔기 때문에 화해가 필요합니다. 마이너스(-)에서 0으로 갈 수 있어야 0에서 1로 가는 길이 열립니다.

다행히 지금까지 불편한 동행을 해왔던 약점과 화해할 수 있는 지혜가 있습니다. 약점과 화해하는 지혜는 약점을 제대로 바라볼 수 있는 공식으로 가능합니다. 이 특별한 공식을 통과하면 당신의 약점은 더 이상 거대한 괴물이 아니라 데리고 다닐 만한 귀엽고 사랑스러운 반려동물쯤으로 여길 수 있습니다. 약점은 처음에는 낯설고 두렵지만 주인이 제대로 약점을 이해하고 애정을 보내면 삶의 유쾌한 동반자가 될 수 있습니다.

자, 그럼 약점을 귀엽게 만드는 공식을 한번 보실까요?

거대한 약점을 귀엽게 만드는 공식

내가 약한 지점 – 약해도 괜찮은 지점 = 약점

신경 써야 할 약점 - 내가 통제할 수 있는 약점 = 핵심 약점

핵심 약점 - 파트너의 도움을 받을 수 있는 핵심 약점 = 귀여운 약점

약점 때문에 주눅 들지 마세요. 당신의 삶 속에 기쁨은 여전

히 부족하니까요. 더 기뻐하세요. 귀여운 약점이라면 당신의
기쁨을 방해할 힘이 없답니다. 오히려 약점 덕분에 새로운
인연이 시작되고 서로 돕는 팀워크가 만들어지고, 더불어 성
취가 가능해질 수 있습니다.

거대해보이는 당신의 약점 때문에 지치고 흔들릴 때면 당신의 약점
을 제대로 바라보세요. 그림 2와 그림 3의 과정을 활용하면 약점이
다르게 보일 수 있습니다.

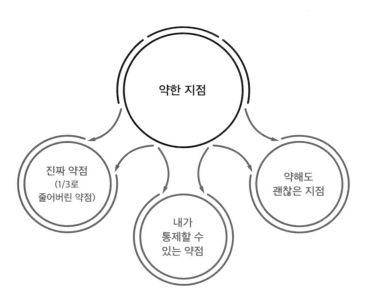

그림 2 거대한 약점을 귀엽게 만드는 생각법 1

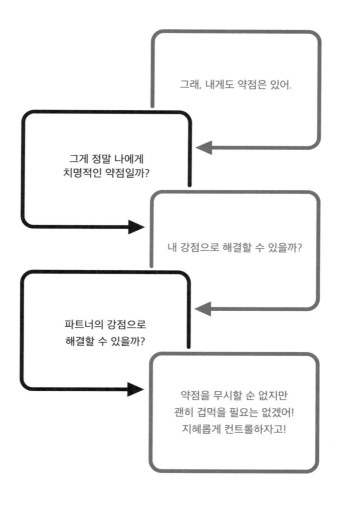

그래, 내게도 약점은 있어.

그게 정말 나에게
치명적인 약점일까?

내 강점으로 해결할 수 있을까?

파트너의 강점으로
해결할 수 있을까?

약점을 무시할 순 없지만
괜히 겁먹을 필요는 없겠어!
지혜롭게 컨트롤하자고!

그림 3 거대한 약점을 귀엽게 만드는 생각법 2

1부 나만의 강점을 만나기 위한 준비운동

———————————→←———————————

Chapter 4

감정,
터지기 전에 헤아리기

———————————→←———————————

우리는 감기약보다 항우울제를 더 많이 찾는 시대에 살고
있습니다. 바쁘다는 핑계로 마음을 마주하지 못하고 살았
거나, 마음에 생긴 상처에 대충 반창고만 붙이고 살다가 깊
은 동굴 속에 갇혀버린 사람들이 많아지고 있다는 반증이
기도 합니다.

동굴 밖에도 동굴을 향하고 있는 사람들이 있습니다. 겉으
로 봐서는 알 수 없습니다. 괜찮은 척하며 살아가는 삶이 괜

찮은 삶으로 보이기도 하니까요. 그러나 '괜찮은 척 살아가는 삶'과 '괜찮은 삶'은 다릅니다. 자신의 마음을 외면하고 괜찮은 척하며 살아가면 감정은 어느 날 툭 하고 터져나와 엄청난 파장을 일으킵니다. 외로움과 고통 속으로 주인공을 가둬버리거나 주변 사람들에게 잊지 못할 상처를 주기도 합니다. 그렇게 감정은 주인이 알아주지 않으면 심술을 부립니다. 주인이 알아주지 않는 감정은 그렇게 주인을 괴롭히고 주인에게 소중한 사람들을 괴롭히게 됩니다.

쇼펜하우어의 말처럼 "인간은 욕망과 권태를 오가는 시계추"와 같은 존재인지도 모르겠습니다. 한없이 욕망하거나 한없이 권태로운 삶 사이에서 나만의 좌표를 찾아가는 평생의 숙제를 가지고 있는 것이 삶 같습니다. 나만의 괜찮은 좌표를 찾기 위해서는 먼저, 여기저기 파헤쳐지고 웅덩이가 생긴 부분은 없는지, 마음의 운동장을 점검해야 합니다. 그래서 강점Strengths과 만나기 전에 점검해야 할 또 하나의 주제는 바로 감정Emotions입니다.

감정이 자연스럽게 생겨나 자연스럽게 소멸한다면 감정을

점검할 필요가 없을 겁니다. 자연스러움은 있는 그대로 정답이기 때문이지요. 벚꽃 축제 시기에 맞추어 꽃을 피우지 않는다고 해서 우리는 벚꽃을 탓하지 않습니다. 자연은 있는 그대로가 정답입니다. 자연스럽다는 것은 남에게 비난과 판단을 받을 필요가 없다는 얘기이기도 하지요. 그러나 감정은 반쪽짜리 자연입니다. 자연스럽게 생겨나지만 자연스럽게 머물거나 자연스럽게 소멸하지는 못 하니까요.

그렇습니다. 감정은 자연스럽게 생겨납니다. 그래서 감정에는 옳고 그름이 없습니다. 당신이 슬퍼도, 기뻐도, 두려워도, 행복해도 모두 옳습니다. "왜 슬프냐?", "왜 기쁘냐?" 추궁하거나 탓할 필요가 없습니다. 누구에게나 존재하는 것이 감정이니까요.

심리학의 대가들은 이러한 인간의 보편적인 감정을 여섯 가지로 추려 소개합니다. 분노, 혐오, 두려움, 행복, 슬픔, 놀람입니다.

감정은 자연스럽게 생기지만, 감정이 머무르다 자연스럽게 소멸하는 데는 지혜가 필요합니다. 감정의 주인이 되어주는

그림 4 인간의 보편적인 6가지 감정

분노 험오 두려움
행복 슬픔 놀람

지혜가 바로 그것입니다. 감정에 주인이 생기면 감정을 알아차리게 됩니다. 감정에 주인이 생기면 감정을 받아들이고 안아주고 풀어줄 수 있습니다. 감정을 꾹꾹 누르기만 하는 사람, 감정을 있는 그대로 모두 드러내는 사람들에게는 감정의 주인이 없는 셈입니다. 주인이 없는 감정은 갖가지 심술을 부립니다.

요즘 사람들에게 나타나는 '감정 심술'은 '한강에서 뺨 맞고 종로에서 눈 흘기는' 정도로 그치지 않습니다. 감정이 눌린

내력이 크고 깊어서, 감정이 터져나오는 순간에는 손쓰기 어려운 화력으로 표출됩니다. 때마침 자신에게 다가온 죄 없는 상대에게 무참하고 잔인하게 어퍼컷을 날립니다.

감정을 스스로 다루지 못하는 경우가 많아지고 있나요? 감정 때문에 일과 관계를 그르치고 있나요? 그렇다면 변화를 시도해야 합니다. 단 한 번의 시도로 감정의 주도권을 모두 되찾을 수 없겠지만 차근히 주인 잃은 감정에 주인을 찾아주어야 합니다.

방법은 다양합니다. 먼저 당신의 지금 감정이 어떤지 알아차릴 수 있어야 합니다. 지금 자신의 감정을 알고 싶을 때 '감정 체크판'을 활용할 수 있습니다. 감정 체크판은 두 개의 축이 있는 신호등입니다. 가로 축(에너지 레벨)과 세로 축(기분 상태)을 보며 '나의 에너지 레벨이 어떤가?', '지금 내 기분이 어떤가?' 하며 스스로 알아차리는 시간을 가질 수 있습니다.

내 감정을 들여다볼 방법을 마련했다면, 다음은 시간을 마련해야 합니다(편성). 당신이 가장 자주 만나는 시간이라면 좋

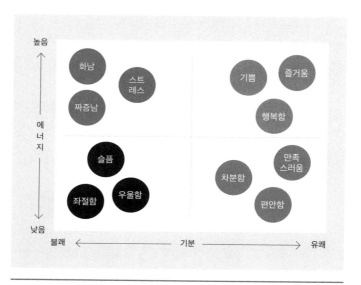

그림 5 감정 체크판

을 텐데요. 저는 핸드폰 뒷면에 감정 체크판이 보이도록 넣어두었습니다. 핸드폰을 볼 때마다 감정 체크판이 저의 시야에 들어옵니다. 감정을 바라보아야 할 순간이라고 여겨지면 잠시 멈추어 감정 체크판을 바라보며 스스로 물어볼 수 있기 때문입니다.

1부 나만의 강점을 만나기 위한 준비운동

<평소 같지 않은 감정에 휩싸였을 때 감정 체크판을 보며 활용할 수 있는 질문>

Q1. 지금 내 감정에 에너지가 어느 정도지? 에너지 과잉일까, 에너지 소진일까?

Q2. 지금 내 감정은 어떤 상태지? 필요 이상으로 유쾌한 걸까, 필요 이상으로 불쾌한 걸까?

여러분도 질문에 답을 해보세요. 당신의 감정은 어떤 상태인가요? 당신의 지금 감정을 말해보세요.

- 에너지가 많고 유쾌하다면 '행복' 상태입니다.
- 에너지가 많고 불쾌하다면 '분노' 상태입니다.
- 에너지가 적고 유쾌하다면 '평온' 상태입니다.
- 에너지가 적고 불쾌하다면 '우울' 상태입니다.

질문에 답을 하고 조치가 필요한 상황이라면 스스로를 도와주세요. 분노가 평온이 될 수 있도록, 우울이 행복이 될 수 있도록 말이지요. 분노 상황에서 잠시 혼자만의 시간을 가지고 당신에게 유쾌한 일이나 유쾌한 사람을 떠올리고, 당신의 분노에게 유쾌할 수 있는 솔루션을 선물해보세요. 당신을 이완시켜 줄 수 있는 공간이나 행동을 자신에게 선물할 수도 있을 겁니다.

당신의 감정을 알아차리고 다루는 일에 더 직접적인 도움이 필요하다면, 현관에 벽 거울을 하나 걸어두세요. 거울 위치는 눈높이가 좋습니다. 출근하면서, 중요한 일을 앞둔 날, 현관에 서 있는 당신의 얼굴을 거울에 비춰보는 시도가 가능할 테니까요. 현관을 오갈 때마다 거울이 눈에 들어올 테고, 거울에 비치는 당신의 얼굴을 보며 감정에 대해 알아차리는 시간을 잠시 가질 수 있으니 얼마나 유용한가요.

거울이 아니어도 좋습니다. 매일 같은 시간 지하철을 기다리며, 샤워하면서, 자기 직전에 당신의 감정을 마주할 '내 감정 헤아리는 시간'을 마련해두어도 좋습니다. 당신이 가장 잘 지킬 수 있는 5분을 확보할 수 있다면 모두 멋진 방법이 될 수 있습니다.

감당하기 힘든 감정이 당신에게 다가오나요? 때로는 피하고 때로는 발로 차버릴 수 있겠지만 이러지도 저러지도 못하고 온몸으로 받아내야 하는 감정이 있나요? 울고 싶은 날인가요? 울어도 괜찮습니다. 억지로 웃기보다 가끔은 펑펑 울어 후련해지길 바랍니다. 휴대폰을 하루 종일 최대 밝기로 해놓으면 배터리를 빨리 소모할 수밖에 없는 것처럼, 우리에게도 밝기 조절, 감정 조절이 필요합니다. 행복과 평온을 느낄 수 있다면 충분히 즐기십시오. 우울과 분노라면 그 또한 자연스러운 감정임을 받아들이고 숨통을 터 주어 가뿐해지길 바랍니다.

감정 때문에 자책하지 마세요. 모든 감정은 옳으니까요. 자연스럽게 생겨난 감정을 탓하기보다 그 감정을 다루지 못해서 얼룩진 당신의 마음을 살펴세요. 더러워진 손수건을 빨듯 조물조물, 손으로 비누로 비비고 온기 있는 물에 헹구어 보세요. 그리고 다시 깨끗해진 손수건을 볕 좋은 날 앞마당 빨랫줄에 널어보세요. 종잡을 수 없는 감정으로 지치고 오염된 당신의 마음도 사뿐사뿐 곱게 날아가는 나비처럼 다시 가볍고 유쾌해질 수 있으니까요.

그림 6   감정 오염과 강점 발현의 상관 관계

감정이 오염된 정도가 심하면 강점이 발현되기 어렵습니다. 감정이 덜 오염될수록 강점이 잘 발현됩니다.

Chapter 5

어른인 당신이 아이인
당신에게 먼저 손 내밀기

100퍼센트 어른이 되기란 어렵습니다. 아이가 자라 어른이 되어도 어른 속에 여전히 아이가 남아 있기 때문입니다. 어른이 되기를 거부하는 어른 속 아이는 어린 시절 충분히 사랑받지 못했거나, 다친 마음이 온전히 치유되지 못한 경험을 가지고 있습니다.

그런 면에서 우리의 유년을 뒤돌아보면 우리를 충만하게 했던 시절과 그렇지 못했던 시절이 공존함을 알 수 있습니다. 사랑과 만족 속에서만 자란 사람이 아니고서야 마음속에 아이가 존재하는 일이 자연스러워 보이기도 합니다. 그런 면에서 우리는 필연적으로 마음속에 아이를 품고 살아가게 됩니다.

신경의학과 전문의인 W. 휴 미실다인W. Hugh Missildine 박사는 개인에게는 자아 두 개가 존재한다고 말합니다. 하나는 어린 시절에 경험한 부모의 생각, 감정, 행동, 태도 등을 유사하게 닮은 내면 부모Inner parent이며, 다른 하나는 그런 부모의 양육 방식에 대한 자아의 내적 반응으로 형성된 내면 아이Inner child입니다. 어른 속에 존재하는 아이가 바로 내면 아이입니다. 내면 아이는 어린 시절의 경험을 주관적으로 해석하고 한 개인의 인생에 지속적인 영향을 주는 존재입니다. 내면 아이는 어른이 되어서도 사라지지 않고 여전히 나에게 붙어 지내는 나의 어린 시절입니다.

때로 내면 아이는 어른이 된 당신에게 천진한 모습으로, 순수한 모습으로, 톡톡 튀는 아이디어로 등장할 수 있습니다. 어른인 주인공의 삶을 돕는 밝은 아이입니다. 그러나 어두운 내면 아이는 어른이 된 주인공의 삶을 뒤흔들어놓습니다. 예를 들어, 부모의 칭찬과 인정을 받지 못해 만들어진 내면 아이를 가진 사람은 매번 칭찬과 인정을 받아야 하는 어른의 모습이 되기도 합니다. 이들은 칭찬과 인정을 독점하기 위해 분주할 뿐 기분 좋게 지는 법, 실패에서 배우는 법, 함께 이기는 법을 익히고 누릴 기회를 얻기 어렵습니다. 또한 억압적이고 통제적인 부모로부터 양육되면서 만들어진 내면 아이를 가진 사람은 자신이 원하는 삶을 추구하지도 표현하지도 못하고, 늘 누군가에게 허락을 구해야 마음이 놓이는 삶을 살아갈 수 있습니다.

또 하나, 내면 아이는 예고 없이 나타납니다. 부모와 유사한 사람을 만나면 마치 어린 시절에 부모에게 했던 것처럼 유아적으로 반응합니다. 분명 어른인데 순간 아이가 됩니다. 그래서 내면 아이와의 화해는 어른인 자신에게도 중요한 일입니다.

제가 만난 30대의 그녀도 내면 아이와의 화해가 시급했습니다. 그녀는 고등학교 시절 3년간 온갖 노력을 쏟아 대학 합격이라는 결과를 마주하는 순간에 있었습니다.

"수험번호 321번, 321번 수험생님, 합격입니다. 축하합니다."

'합격만 되면', '합격만 되면'을 되뇌며, 길고 외로웠던 여정을 견뎌왔지만 전화로 합격 사실을 확인한 순간 기뻐할 수 없었습니다. 기쁨 대신 상상하지 못했던 감정이 그녀를 찾아왔습니다.

가족에게, 친구들에게 기쁜 소식을 알리고, 축하가 넘치던 그날 그 순간 그녀의 마음은 이상하리만큼 가라앉았습니다. 그렇게 가라앉은 마음속에서 할머니의 목소리가 들려왔습니다. 맞벌이였던 부모님을 대신해 유년 시절 내내 그녀를 키웠던 할머니. 오랜만에 등장한 할머니의 목소리는 여전히 차갑고 매서웠습니다.

"네가 뭔데 합격을 해, 네가 왜 축하를 받아?"

축하받고 싶었던 소녀를 할머니는 타박했습니다. 늘 할머니의 사랑이 그리웠고, 인정이 고팠던 소녀, 할머니에게 더없이 순종적이었던 소녀, 자기 마음보다 할머니 마음을 헤아리기 위해 동동거리던 소녀는 그렇게 다시 외로워졌습니다.

"할머니는 늘 저에게 인색했어요. 따듯하게 한 번 안아주
시길, 축하받고 칭찬받길 얼마나 바랐는지 몰라요. 동생들
에게 웃어주시듯 절 보고도 웃어주시길 간절히 바랐어요."

30대 여성은 이야기를 털어놓으면서 자신의 내면 아이를 오
래, 지긋이 바라보았습니다. 오래 지긋이 바라보니 그녀 안
에 있는 내면 아이가 안쓰러웠습니다. 안아주고 싶어졌습니
다. 그렇게 그녀는 내면 아이와의 화해를 더 이상 미루지 않
겠다고 다짐했습니다.

막연하고 거대한 두려움에 화해라는 이름을 붙이니 두려움
이 작아지기 시작했습니다. 그렇게 그녀는 안아주고 싶은
마음으로 다가가 내면 아이를 안아주었습니다. 할머니에게
사랑받지 못해 내내 외롭고 쓸쓸하게 지냈던 소녀를 안아주
었습니다. 소녀에겐 잘못이 없으니까요. 작고 힘없는 아이
가 거대한 존재였던 주 양육자의 냉대를 피할 방법이 없었
을 테니까요. 매일 자신을 위해 고군분투하던 맞벌이 부모

님께 걱정을 끼치기 싫은 선한 마음에서 힘들고 외로운 상황을 혼자서 견뎌왔던 소녀. 그 소녀를 안아주며 그녀는 자신에게 말을 건넸습니다.

"많이 외로웠지? 이젠 혼자 슬퍼하지 마. 넌 충분히 사랑스러운 아이란다. 먼저 어른이 된 내가 더 자주 안아줄게!"

처음 스스로 말을 건네는 일은 낯선 시도일지 모릅니다. 그럴 때는 사람들이 많은 곳을 피해 혼자만의 공간으로 가보셔도 좋습니다. 주말 오전 집 근처 숲길을 걸어도, 모두가 잠든 새벽 시간, 거실에 앉아도 좋을 겁니다. 욕실에서 샤워를 할 때 시원한 물줄기 안에서 말을 걸어도 좋습니다. 그래도 어색하다면, 자신에게 보내는 SNS 메시지로 당신 안의 내면 아이에게 말을 걸어도 좋습니다.

마지막으로 유년 시절 당신을 힘들게 하던 상대방과의 화해가 필요합니다. 화해가 힘들다면 용서라도 좋습니다. 당신은 이제 아이로 상대방을 마주하는 상황이 아니라 당신을 받아주지 않던 상대방보다 더 멋지고 성숙한 어른이 되었으니까요. 유년 시절의 자신을 안아줄 수 있는 어른이 되

1부 나만의 강점을 만나기 위한 준비운동

었으니까요.

지나버린 과거 속에서 상대방을 용서하는 일은 사실 상대가 아닌 당신을 위한 일입니다. 과거 속에서 당신을 구해내는 일이니까요. 과거 때문에 당신의 현재와 미래가 흔들리지 않도록 막아내는 일이니까요. 잊지 마세요. 과거에서 당신을 구할 수 있는 열쇠는 먼저 어른이 된 당신 손에 쥐어져 있다는 사실을 말이에요.

Chapter 6

애정 어린 조언에서
균형 잡기

'사랑'이라는 이름의 독毒을 아시나요?

아탈란타는 그리스 신화에 나오는 처녀 사냥꾼입니다. 그녀에게는 분명한 목표가 있었습니다. 독립적으로 자유롭게 살길 원했지요. 그러나 그녀의 아버지는 딸이 결혼하길 간절히 바랐습니다. 아버지의 간절한 바람은 끈질긴 권유로 이어졌습니다. 아버지의 권유를 듣다 못 한 아탈란타는 결국 아버지에게 제안을 하나 내어놓습니다.

"아버지 뜻이 정 그러시다면, 저와 경주해서 이기는 사람과 결혼을 하겠어요. 대신 경주에서 진 사람은 죽어야 해요."

남성을 능가하는 힘과 용맹을 갖춘 아탈란타였지만, 그녀의 매력을 알아버린 남자들이 하나둘 경기에 참여했습니다. 잔인한 경기는 그렇게 계속되었습니다. 경주에 참여한 어떤 남자도 그녀를 이길 수는 없었기 때문이었죠.

그런데, 이번에는 아탈란타의 사촌인 멜라니온이 경기에 참여하게 됩니다. 멜라니온은 심판 역할을 하며 아탈란타가 경주를 하는 모습을 보고 그녀에게 반하게 됩니다. 아탈란타를 향한 마음을 어쩌지 못한 멜라니온은 죽음을 무릅써야 하는 경주에 나가기로 결심합니다.

멜라니온은 경기에 앞서, 아프로디테 여신을 찾아갔습니다. 그리고 여신에게 자신의 간절한 뜻을 전하고, 경주에서 이기는 방법을 알려줄 것을 청합니다. 아프로디테는 멜라니온에게 묘책을 전합니다. 묘책은 '황금사과 세 개'였습니다. 멜라니온은 여신에게 받은 황금사과 세 개를 가지고 경주에 참여합니다. 경주가 시작되고, 역시나 아탈란타가 자신을 앞지를 때마다 황금사과를 하나씩 던집니다. 아탈란타는 자신의 발 앞에 던져진 황금사과를 보고 마음을 빼앗깁니다. 신기하고 예쁜 황금사과 세 알을 줍느라 아탈란타는 결국 경주에서 지고 맙니다.

우리 삶은 많은 경주로 이루어져 있습니다. 어떤 경주에서는 쉽게 상대를 이길 수 있지만, 어떤 경주에서는 온 힘을 쏟아도 상대를 이길 수 없습니다. 때로는 쉽게 상대를 이길 수 있는 경기에서 방해물에 시선과 마음을 빼앗겨 그토록 원하던 승리를 놓치기도 합니다.

우리가 원하는 삶을 살기 위해 가장 필요한 전략은 이미 내가 가진 무기들을 오롯이 잘 쓰는 일입니다. 이미 내가 가진 무기를 모자람 없이 온전하게 써야 행복지수도, 승률도 높아집니다.

아탈란타의 이야기를 당신의 이야기로 가져와 보겠습니다. 아탈란타가 당신이며, 그녀가 가진 힘과 용맹함이 당신이 이미 가진 무기라면 황금사과는 무엇일까요? 당신이 추구

1부 나만의 강점을 만나기 위한 준비운동

하는 삶, 당신이 원하는 결과를 방해하는 황금사과 세 알은 아마도 사랑이라는 이름의 조언Loving advice, 독毒일 것입니다. 소중한 사람들이 당신에게 보내는 '애정 어린 조언'에는 몇 가지 특징이 있습니다. 우선 다른 사람들이 보내는 일반적인 조언보다 강력하고 꾸준하게 당신을 자극합니다. 또 하나, 그들이 당신에게 보내는 '애정 어린 조언'은 지극히 개인적이라 전문성이나 공신력을 가지고 있지 못합니다.

'자식에게 나쁜 말 하겠어?'
'후배에게 틀린 말 하겠어?'

이렇게 생각할 수 있지만 조언자들이 의도적으로 나쁘고 틀린 말을 해서가 아니라, 그들의 조언이 가진 태생적 한계 때문에 위험합니다. '애정 어린 조언'의 한계를 정리해보면 아래와 같습니다.

한계 1. 애정 어린 조언은 조언자의 지극히 개인적인 생존 전략일 뿐

당신의 삶에 자주 던져지는 애정 어린 조언은 전문성보다 개인적인 생각이 경험과 생각을 담은 생존 전략입니다. 따라서 분별 없이 받아들이면 위험합니다.

**한계 2. 애정 어린 조언은 조언자 주변의 환경과 시대가 부르짖던 성
공 방정식일 뿐**

당신의 삶에 자주 던져지는 애정 어린 조언은 당신과 다른 환경, 당신
과 다른 시대에 통하던 성공 방정식인 경우가 많습니다. 따라서 분별
하지 않고 받아들이면 위험합니다.

그렇다면 '애정 어린 조언'을 독이 아니라 약藥으로 활용하
려면 어떻게 해야 할까요? 그들의 애정에 감사하며 듣고 잠
시 멈추면 됩니다. 그러고는 조언을 자신의 생각으로 다시
정리하고 받아들일 부분과 버릴 부분을 구분하면 됩니다. 당
신에게 쏟아지는 애정 어린 조언을 대하는 지혜를 정리해보
면 아래와 같습니다.

─── 애정 어린 조언을 대하는 두 가지 지혜 ───

1. 경청 후 잠시 멈추어 '정말 그런가?'라고 마음속으로 물어봅니다.
2. 경청 후 받아들일 부분과 걷어낼 부분을 나누어봅니다.

새로운 시대를 살아가야 하는 당신에게는 기존 세대와는 다른 지혜가 필요합니다. 잊지 마세요. 당신에게 쏟아지는 애정 어린 조언은 당신의 지혜로 덕분에 독에서 약이 될 수 있습니다.

"모든 어린이는 예술가다.
문제는 '어떻게 하면 이들이 커서도 예술가로 남을 수 있게 하느냐?'다."
– 파블로 피카소

- 2부 -

나만의 강점을
이해하는
출발점

―――― 2부는 강점을 삶의 중심에 두기 위해 우리가 기본적으로 알아야 할 전제를 다루고 있습니다. 사실, 강점은 인류 역사에서 여러 시간과 공간에서 강조되어 왔습니다. 하지만 여전히 사람들이 자신의 강점을 제대로 알지 못하고 삶으로 가져오지 못하는 갈증을 느끼고 있습니다. 중요성을 아는 것과 삶으로 가져오는 일 사이에 우리가 풀어야 할 숙제가 남아 있는 셈이지요.

강점은 하루아침에 생기는 마법이 아닙니다. 당신이 인식하지 못하고 살았을 뿐 당신의 삶 여기저기에서 힌트를 보여주었을 테고, 너와 내가 완전히 다른 강점을 가지고 있기도 하지만, 인간으로서 공통적으로 가지고 있는 강점 또한 있습니다.

그 사실을 마주하기 위해 2부에서는 때로 나답게 사는 것이 어떤 것인지에 대해 고민한 철학자와 대화를 나눠보기도 하고, 우리의 유년시절로 타임머신을 타고 가서 우리의 본연의 모습을 바라보기도 할 것입니다. 또한 재능과 강점이라는 비슷하지만 다른 단어들이 어떤 개념과 속성을 가지고 있는지 알아보는 시간도 가져보고자 합니다.
2부에서는 여행하듯, 산책하듯 당신의 본연의 모습을 호기심 가득한 눈으로 바라보며, 강점을 삶으로 가져오기 위한 기본기를 익혀보시기 바랍니다.

→ ←

Chapter 1

나를
넘어서는 법

→ ←

'82.7'이라는 숫자를 아시나요?

2019년 7월에 보건복지부에서 발표한 한국인의 기대수명입니다. 이 숫자는 갈수록 커지고 있습니다. 여기저기서 부르짖는 '100세 시대'라는 말은 이제 광고 카피가 아닌 현실이 되었습니다. 이쯤에서 우리에게 남은 삶의 길이를 한번 측정해도 좋겠습니다. 이를 위해 간단한 뺄셈식을 한번 볼까요?

A식은 요즘의 기대수명을 기준으로 당신에게 삶이 얼마나 남았는지 생각해보는 공식입니다.

82.7 - 당신의 나이 = ? (당신에게 남은 삶의 시간 A)

B식은 가까운 미래의 평균수명을 기준으로 당신에게 삶이 얼마나 남았는지 생각해보는 공식입니다.

100 - 당신의 나이 = ? (당신에게 남은 삶의 시간 B)

너무나 간단해서 시시하기까지 한 수식입니다. 그러나 실제로 숫자를 대입해보면 시시하지 않더군요. 당신에게 남아 있는 삶의 시간도, 점점 길어질 그 시간도 생각보다 길기 때문입니다. 생각보다 긴 여행을 치러야 한다는 것은 몇 가지 생각이 함께 떠오르는 일이기도 합니다. 예를 들면 이런 생각들이 떠오를 수 있겠지요.

1) 긴 여행을 잘 치러낼 수 있을까?
2) 긴 여행을 무사히 마치기 위해 꼭 챙겨야 할 준비물은 뭘까?

또다른 생각이 떠올라도 좋습니다. 질문이 다양해질수록 당신의 긴 여행은 든든한 준비과정을 거칠 수 있으니까요. 누구에게나 삶은 유한하며, 단 한 번뿐입니다. 이 진리를 나의 삶으로 가져와 곱씹을 수 있다면 삶을 지금보다 충만하게 만들고 싶다는 마음을 마주할 수 있습니다.

삶을 지금보다 충만하게 만들어 나가려면 에너지를 모으고 효율적으로 써야 합니다. 에너지를 모으려면 에너지를 아끼는 일이 중요합니다. 자신도 모르게 습관적으로, 의미 없이 쓰고 있는 에너지가 있는지 살펴보는 지혜가 필요합니다. 생산적이지 않지만 습관적으로 에너지를 쓰고 있는 일에는 어떤 것이 있을까요? 맞습니다. 염려와 걱정, 대안 없는 불만 등이 생산적이지 않지만 큰 에너지를 쓰게 만드는 일입니다. 무기력의 원인이죠.

우리가 살아가고 있는 이 시대는 이전의 어느 시대보다 많은 무기력과 권태를 품고 있습니다. 가벼운 무기력과 권태는

휴식과 충전으로 벗어날 수 있지만, 깊은 무기력과 강력한 권태가 찾아온다면 조치가 필요합니다. 깊은 무기력과 강한 권태는 삶의 방식을 바꾸라는 강력한 신호이기 때문입니다.

삶의 방식을 바꾸고 싶은 사람들에게 지혜를 전해주는 사람이 있습니다. 철학자도 그중 한 부류인데요. 독일의 시인이자 철학자 니체는 무기력과 권태를 만난 사람들에게 '초인'이 되어야 한다는 조언을 전합니다. 그가 권하는 삶의 방식은 초인이 되는 것입니다.

초인이란 우버맨쉬Ubermensch라고 표현되는데, 우버맨쉬는 오버맨Overman의 의미를 가집니다. 오버맨은 슈퍼맨Superman과는 다릅니다. 슈퍼맨처럼 완벽하지 않아도 됩니다. 어제보다 오늘, 오늘보다 내일, 나의 모습이 성장하고 성숙했다면 누구나 오버맨, 초인입니다. 슈퍼맨의 기준은 완벽이지만, 오버맨의 기준은 전진입니다.

"왜 초인이 되어야 하는가?", "왜 오늘을 어제처럼 살면 안되는가?"라는 질문이 생길 수 있습니다. 그럴 때 니체는 대답합니다. "'지금의 삶을 다음에 다시 살아도 좋은가?'라는 질문에 답하기 위해서 우리는 초인이 되어야 한다"라고 말이지요. 그런 의미에서 우리의 삶은 완벽하지 않아도 됩니다. 어제보다 나은 내가 되었다면 충분합니다. 타인과의 경쟁에서 이기지 않아도, 힘이 있는 사람에게 인정받지 못해도 어제보다 나은 내가 되었다면 당신은 이미 초인입니다.

초인의 덕목은 안정이나 비교가 아니라 도전입니다. 어제의 삶에 새로운 도전을 더하는 일보다 귀한 일은 없습니다. 어제와 같은 삶, 도전보다 안정을 추구하는 삶이란 초인에게는 경계해야 할 순간입니다. 초인은 새로운 도전 앞에 생기는 여러 혼란스러운 마음을 감수하고 그 순간이 고난일지라도 즐기고 사랑하는 사람입니다.

초인이 되겠다고 결심한 사람에게 니체는 삶의 구체적인 방식을 제안합니다. 3가지 방식의 삶인데요. '낙타의 방식', '사자의 방식', '어린아이의 방식'입니다. 우선 낙타는 삶의 무거움을 견뎌내는 단계입니다. 낙타가 사막을 건너듯, 무거운 짐을 지고 더위와 싸우면서도 쉬지 않고 주인을 따르는 모습이 연상되기도 하는데요. 'You should'로 정의되는 낙타의 방식은 주어진 상황에 순종하면서 묵묵히 견뎌내는 단계입니다.

반면 사자의 방식은 그토록 순종하며 묵묵히 책임지려고 애썼던 기존의 방식을 부정하는 단계입니다. 기존의 방식을 부정하고 그 자리에 자신의 방식을 채워넣는 단계이기도 합니다. 사자는 'You should' 대신 'I will'의 메시지로 살아갑니다. 기존의 방식을 거부하고 흥미진진한 탈선을 기꺼이 단행하고 의미 있는 탈선을 만나면 확장하며 나의 길을 만들어 나가는 사자를 연상해도 좋습니다. 자유를 찾고, 이를 위해 명령할 줄 알아야 하는 단계입니다.

마지막으로 니체가 제안한 삶의 단계는 어린아이의 방식입니다. 낙타와 사자를 지나 이제는 본연의 나를 찾고 그 세계 속에서 새로운 세계를 만나는 일이 중요해집니다. 어린아이처럼 삶을 살아가는 사람은 책임과 생존을 위해서가 아니라 재미를 위해서 몰입하며 탁월한 성과를 만들어냅니다. 의무와 책임보다 그저 즐기는 마음으로 충만합니다. 그 어느 때보다 가볍지만 그 어느 때보다 탁월합니다.

당신을 무기력과 권태에서 구해줄 존재가 필요한가요?
밖에서 구하지 마세요. 당신은 이미 원대한 씨앗을 가지고
있습니다. 이미 아름드리 떡갈나무가 될 모든 잠재력을 품
고 있는 작은 도토리처럼, 당신의 미래는 이미 태어났다는
사실을 잊지 마세요.

Chapter 2

도전하고 또 도전하던
당신이라는 아이

'1만 시간의 법칙'을 아시나요?

1만 시간의 법칙은 미국의 심리학자인 안데르스 에릭슨
Anders Ericsson이 만든 용어입니다. 1993년 그의 논문에서 처
음 사용했습니다.

그는 1만 시간의 법칙에 힘을 싣기 위해 세계적인 바이올린
연주자와 아마추어 연주자 간의 실력 차이를 비교했습니다.
두 집단의 실력 차이는 대부분 연주 시간에서 비롯된 것이

며, 우수한 연주자 집단은 대부분 1만 시간 이상을 연습했다고 주장했습니다.

이 논문은 이후 심리학계에 큰 영향을 끼쳤고, 후에 말콤 글래드웰Malcolm Gladwell의 저서 《아웃라이어》에 다시 등장해 대중에게 널리 알려졌습니다. 1만 시간의 법칙은 역사와 권위를 가진 주장이었습니다.

그러나 언젠가부터 1만 시간의 법칙은 권위를 잃어가고 있습니다. "우리 삶 속에서 정말 1만 시간의 법칙이 작동하는가?"라는 의문이 생겨났고 무한히 노력하는 삶에 회의하는 대중에게 외면당하고 있기 때문입니다. 1만 시간의 법칙이 재탄생하려면 아래의 질문에 답할 수 있어야 합니다.

"1만 시간의 법칙이 모두에게 적용된다면 세계적인 수준의 전문가라고 꼽을 수 있는 사람은 왜 내 주변이 아니라 TV 속에만 존재할까요?"

믿을 만하다고 여겼던 법칙에 의문이 들 때 우리에게 필요한 작업은 재발견입니다. 우리에게는 1만 시간 법칙을 다시

2부 나만의 강점을 이해하는 출발점

들여다보고 재발견하는 과정이 필요합니다. 1만 시간의 법칙에 다시 힘을 불어넣기 위해서, 우리가 시각을 넓혀보아야 하는 부분은 1만 시간의 출발점과 방향입니다. 그래서 우리는 삶의 출발점인 유년 시절을 되돌아보며 지혜를 얻어야 합니다.

2.5등신 정도나 될까요? 아기 침대 위의 배를 깔고 엎드린 아이, 생후 100일 남짓의 작은 아이는 진지한 얼굴을 하고 뭔가에 몰두하고 있습니다. 엄마는 알고 있습니다. 저 아이가 내내 집중하고 있다는 사실을요. 아이는 졸음도, 배고픔도, 응가도 미뤄두고 있습니다. 왜 그럴까요?

사로잡힌 일이 있기 때문이지요. 갓난아이가 지금 꽂혀 있는 일은 바로 '목 가누기'입니다. 머리부터 발달하는 인간의 신체 특성상 갓난아이의 머리는 가녀린 자신의 목이 이겨내기에 버거운 대상입니다. 버겁지만 아이는 이 상황을 벗어나기 위해 틈만 나면 애를 씁니다.

한 번의 시도로 이겨낼 수 없지만, 그럼에도 아이는 도전합니다. 엄마가 시켜서일까요? 누가 상을 줘서일까요? 누가 시키지 않아도, 경쟁 속에 있지 않아도, 온전히 매진하고 있는 아이의 모습이 경이롭기까지 합니다. 왜 그럴까요? 왜 저 갓난아이는 버거운 도전 과제에 스스로 몰입하고 끊임없이 도전할까요?

아이의 도전 과제는 외부가 아니라 자기로부터 세워진 목표이기 때문입니다. 본능적으로 자신이 목을 가눌 수 있는 준비를 해야 한다는 직관이 생겼을 때 주저함 없이 시도했기 때문입니다.

여기서 우리는, 우리가 그토록 찾고 싶어하는 '나다움'에 대한 힌트를 얻을 수 있습니다. '나다움의 주파수'를 찾기 위해서는 외부에서 잡히는 다른 주파수에서 벗어나야 합니다. 나다움은 본래 있었으나 잠시 잃어버린 것, 나의 주파수를 다시 찾는 일입니다.

네 아이를 낳아 키우는 엄마로 아이들의 유년을 바라보면 참으로 기적 같은 일이 많습니다. 아이들은 배우지 않아도 자신에게 다가온 도전 과제를 알아차리고 최선을 다해 도전합니다. 도전하며 실패하고 다시 도전하며 끝내 이루어냅니다. 이런 놀라운 용기와 끈기를 지닌 아이들을 맡아서 키우게 된다는 사실이 부담스러울 정도이지요. 그런 면에서 부모에게 주어진 과제는 어쩌면 '어떻게 하면 이 아이를 잘 키워나갈까?'가 아니라 '어떻게 하면 이 아이의 가능성과 잠재력을 훼손하지 않을까?'가 될 것 같습니다.

꿈꾸지 않고 살다가 꿈이 그리운 순간을 만났나요? 혹은 남의 꿈을 내 꿈이라 여기고 달려가다가 어느 날 진짜 내 꿈을 만나고 싶은 순간을 만나셨나요? 그럴 땐 고요히 당신이 몰입하던 순간을 떠올려보세요. 그럴 땐 고요히 유난히 뿌듯했던 일을 떠올려보세요. 그럴 땐 고요히 더 마음이 쓰이는 사람들을 비추어보세요.

꿈이 없다고 말하기 전에 유난히 쉽게 배운 일, 다음 단계로 재빨리 진입했던 순간을 기록해보세요. 이렇게 고요히 찾아내고 모인 꿈의 단서들을 만나게 된다면 원 없이 사랑하며 당신의 시간과 열정을 한 스푼씩 더해보세요. 그리고 꿈에 대한 대화를 시작할 수 있는 당신을 바라보며 누구보다 진심을 다해 응원해보세요. 그 안에 당신이 집중해야 할 1만 시간의 분명한 방향과 전략적인 출발점이 숨어 있습니다.

Chapter 3

온전한 몰입 속에 있던
당신이라는 아이

오래 애를 써도 마음이 가지 않는 일이 있습니다. 그런가 하면, 단숨에 마음을 빼앗기는 순간이 있습니다. 단숨에 마음을 빼앗긴 순간, 그 순간을 함께 따라가 보실까요?

4살 된 아이가 사랑에 빠졌습니다. 누구라도 느낄 수 있습니다. 잠시만 아이 곁에 있으면 그 마음을 온전히 알 수 있으니까요. 아이의 마음을 빼앗아간 대상은 그림 맞추기 퍼즐입니다. 아이들의 사랑은 분명하고 또렷합니다. 퍼즐과 사랑에 빠진 아이는 그렇게 온종일 퍼즐만 바라봅니다.

막내 아이와 퍼즐의 첫 만남은 6개월 전에 이루어졌습니다. 누나가 학용품을 사러 문구점에 갔다가 퍼즐을 보았습니다. 동생이 떠올랐던 누나는 막내에게 선물로 퍼즐을 사주었습니다. 아이의 첫 퍼즐은 중장비 자동차였습니다. 포클레인, 덤프트럭, 레미콘 차 3대가 그려져 있었죠. 10조각 남짓 되는 첫 퍼즐은 아이의 실수와 실패를 거쳐 완성되어 갔습니다. 엄마도 누나도 이 과정을 흐뭇하게 바라보았습니다.

제법 시간이 지나도 퍼즐을 향한 아이의 사랑은 작아지지 않습니다. 여러 날을 가지고 놀아 이미 익숙해진 퍼즐이었지만 아이는 매번 신이 납니다. 퍼즐을 맞추는 동안은 졸음도 배고픔도 화장실도 미루고만 싶습니다. 때로는 3시간, 때로는 5시간, 배에서 꼬르륵 소리가 나도, 바지 사이로 오줌이 흘러도 아이는 퍼즐을 손에서 놓지 않습니다. 재미가 쌓여 만들어진 사랑은 이렇게 힘이 셉니다. 진짜 사랑에 빠지면 그냥 넘길 수 있는 일이 많아집니다.

마침내 마주하게 된 '퍼즐 완성'의 순간입니다.

2부 나만의 강점을 이해하는 출발점

"아이의 표정은 어떨까요?"

"아이는 어떤 행동을 할까요?"

아이의 표정은 덤덤합니다. 아이는 퍼즐을 완성하고 나서 1초의 망설임도 없이 퍼즐을 뒤엎어버립니다. 바라보는 엄마는 아까운 마음이 듭니다. 인증 사진이라도 찍어두려던 엄마의 마음이 머쓱해질 만큼 '획', 아이는 고민 없이 처음으로 다시 돌아갑니다. 왜 그럴까요?

아이의 기쁨은 결과가 아닙니다. 아이의 기쁨은 과정입니다. 퍼즐을 맞추어나가는 과정에서 충분히 기뻤으니 그것으로 충분합니다. 그렇게 과정의 재미를 놓치지 않았던 아이는 퍼즐로 더 멋진 예술가가 되어갑니다.
피카소는 말합니다.

"모든 어린이는 예술가다. 문제는, 어떻게 하면 이들이 커서도 예술가로 남을 수 있게 하느냐다."

평범한 일상에 특별함이 더해지길 바라시나요? 당신의 삶이 예술이 되길 바라시나요? 당신이 현재가 작품이 되길 바라시나요?

처음부터 따지고 재는 일은, 길게 보면 어리석은 짓입니다. 현명한 선택을 하고 싶다면 끊임없이 만나도 즐겁고 신나는 일을 떠올려보세요. 그리고 그런 순간을 더 자주 만나세요. '풍덩'이 '풍덩풍덩'이 되고 '풍덩풍덩'이 멋진 헤엄이 될 수 있도록 말이지요.

삶에서 원하는 일을 모두 이루고 원하는 것을 모두 갖기란 어렵지만, 우리에게 가장 신나고 행복한 순간을 더 자주 만나도록 자신을 돕는 일이라면 누구나 해낼 수 있습니다. 잊지 마세요. 온전히 몰입하는 순간 당신 안에 잠자던 예술가가 깨어날 수 있습니다.

Chapter 4

스스로 해내고 싶어 애쓰던
당신이라는 아이

"굿모닝 마에스트로!"

"굿나잇 마에스트로!"

소녀는 아침저녁으로 사진 속 인물에게 인사를 건넵니다. 소녀의 방 한쪽에는 소녀가 그토록 만나고 싶은 거장의 사진이 붙어 있습니다. 사진 속 거장은 지휘자 헤르베르트 폰 카라얀^{Herbert Von Karajan}입니다.

오스트리아 출신의 지휘자인 카라얀은 베를린 국립오페라

극장과 베를린 필하모닉 오케스트라의 상임지휘자, 빈 국립 오페라극장과 잘츠부르크 음악제의 총감독 등 유럽 음악계의 중요한 지위를 두루 거치며 세기의 거장으로 인정받게 되었습니다. 대중적이며 다양한 레퍼토리를 완성도 있게 지휘하는 그에게는 많은 팬이 있었습니다. 그가 태어난 도시인 오스트리아 잘츠부르크 시는 '카라얀을 배출한 곳이며, 모차르트를 배출한 곳이기도 하다'라고 도시 소개를 하고 있습니다. 카라얀이라는 지휘자의 영향력을 느낄 수 있지요.

이런 카라얀과 아침저녁으로 인사를 나누는 소녀. 소녀에게 카라얀은 거장 이상의 의미였습니다. 머지않은 미래에 꼭 만나야 할 인물이었죠. 소녀는 거장을 만나는 날을 손꼽아 기다렸습니다. 단순히 기다리는 일을 넘어 거장과의 만남을 충만한 순간으로 채우기 위해 하루하루를 최선을 다해 채워나갔습니다.

그런 소녀에게 거장과의 만남은 현실이 되어 다가왔습니다. 그렇게 꿈으로 가는 길을 촘촘하게 채워가던 소녀는 세계에 우뚝 선 자랑스러운 한국인 소프라노 조수미 씨입니다.

그녀처럼 타고난 재능을 기반으로 삶을 주도적으로 이끌어가는 사람을 바라보기만 해도 우리는 벅차오릅니다. 사실 주도성Self Directed Power이란 누구에게나 존재하는 힘입니다. 누구에게나 고유의 재능이 있듯 당신의 내면에도 주도성이 이미 있습니다. 주도성은 당신 안에서 당신을 이끄는 힘입니다. 현실의 나와, 만나고 싶은 미래의 나 사이에서 당신의 생각과 행동을 이끌어내는 힘이 바로 주도성입니다.

주도성은 의지와 열정만으로 완성되지 않습니다. 주도성에는 3개의 다리가 있습니다. '열정과 의지'가 분명한 하나의 축을 담당하고 있지만, 나머지 다리 2개도 똑같이 중요하지요. 나머지 다리는 무엇일까요? 하나는 환경, 또 하나는 기술(정보)입니다. 환경과 기술(정보)가 있어야 주도성이 완성됩니다.

예를 들어보겠습니다. 공부나 일에서 계획을 향해 전진을 하고 싶을 때 마음이 행동을 돕지 못하고 있다면 주도성의 삼각형을 바라볼 수 있습니다.

주도성의 3요소: 체크리스트

주도성의 꼭짓점 1: 열정(의지)을 점검합니다.

'내가 왜 이 일을 해야 하는지 이해하고 공감하고 있는가?'

- 주도성의 왜why에 해당됩니다.

주도성의 꼭짓점 2: 환경을 점검합니다.

'나는 이 일을 어떤 시간, 어떤 공간 속에서 몰입할 수 있는가?'

- 주도성의 무엇what에 해당됩니다.

주도성의 꼭짓점 3: 기술(정보)을 점검합니다.

'나는 이 일을 제대로 해내기 위한 기술과 정보를 접하고 체화

하는 노하우를 가지고 있는가?'

- 주도성의 방법how에 해당됩니다.

당신의 삶을 제대로 지휘하고 이끌어줄 주도성이 절실하
게 필요할 때 당신의 열정과 의지만을 문제 삼지 마세요. 대

신 주도성의 삼각형, 그 꼭짓점을 3개의 질문과 함께 점검해보세요.

> Q1. 주도성의 꼭짓점 3개 중에서 내가 가장 자신 있는 부분이 무엇일까?
>
> Q2. 주도성의 꼭짓점 3개 중에서 내가 가장 취약한 부분은 무엇일까?
>
> Q3. 주도성의 꼭짓점 3개 중에서 가장 시급하게 조치가 필요한 부분이 무엇일까?

어떠세요? 당신이 당신 스스로를 지휘하고 이끄는 힘, '주도성'을 다시 찾기 위해 어디서부터 출발해야 할지 정리가 되셨나요? 그럼 출발해보세요. 지금처럼 당신이 다시 출발하기에 좋은 시기는 없답니다.

Chapter 5

평범함을 향한 노력,
탁월함을 향한 노력

애쓰면서 살아가다 우리는 문득 궁금해집니다.

'이 노력이 성과를 내기는 할까?'
'이 노력이 헛수고가 되진 않을까?'

그래서 우리에게는 노력을 자세히 보는 시도가 필요합니다. 노력은 자세히 보면 하나가 아닙니다. 여러 종류의 노력이 있습니다. 예를 들면 이런 겁니다. 한의원에 가면 체질을 파악하기 위해 오링O-ring 테스트를 하는 경우가 있습니다. 오링 테스트는 자극이 다를 때 근력이 어떻게 달라지는지를 측정하는 테스트입니다.

오링 테스트를 받기 위해서는 한쪽 손의 엄지와 검지를 동그랗게 모아야 합니다. 그러고는 다른 사람이 동그란 모양을 이룬 두 손가락을 벌리려고 잡아당기고, 동그란 모양을 한 사람은 힘을 주어 모양을 유지하려고 애써야 합니다. 검사는 여러 번 진행됩니다. 이유는 여러 자극을 주어 자극마다 반응하는 오링의 힘을 비교하기 위해서입니다.

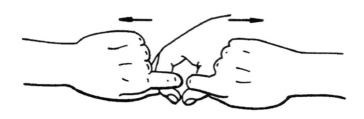

그림 7 오링 테스트

자극은 반대쪽 팔에 주어집니다. 때로는 작고 동그란 칩이 들어 있는 테이프를 팔에 붙이기도 하고, 때로는 음식이나 약 등을 올려놓은 뒤 테스트합니다. 검사의 최종 결론은 그 물질이 피검자에게 긍정적인 영향을 미치는지, 부정적인 영향을 미치는지를 알려줍니다. A 위치에 자극을 줄 때 오링의 힘, B 위치에 자극을 줄 때 오링의 힘, C 위치에 자극을 줄 때 오링의 힘은 확실히 다릅니다. 이 측정법을 통해 누군가는 체질을 말하고 누군가는 맞는 음식, 맞지 않는 음식을 말합니다.

우리 몸에 긍정적인 자극이 오면 근력은 강해집니다. 반면 부정적인 자극이 오면 근력은 약해집니다. 주인공은 똑같이 '나'이고, 나에게 오는 자극 또한 비슷해보이지만 오링의 힘을 비교해보면 분명 다릅니다.

또 하나의 '노력 비교'를 함께 보겠습니다. 다음 그림은 《디퍼런트》라는 책에 등장하는 스타벅스 사례입니다. 스타벅스도 커피음료 시장에서 차지하고 있는 위치가 상당하지만 이 위치를 지키고 또 전진하기 위해 노력을 하고 있지요. 스타벅스의 노력은 두 가지로 나눌 수 있습니다. 왼쪽(A)의 그

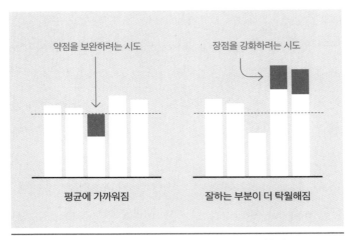

그림 8 약점을 보완하는 게 나을까요, 강점을 강화하는 게 나을까요?

약점 보완한 결과는 평균에 도달하는 것이지만 강점 강화한 결과는 평균을 넘어 탁월함에 도달합니다.

림에서 스타벅스는 약점을 보완하는 노력을 하고 있습니다. 반면, 오른쪽(B)의 스타벅스는 강점을 강화하려는 시도에 노력을 보태고 있습니다.

두 노력의 크기가 같다고 해도 얻어지는 결과는 전혀 다릅니다. A라는 노력은 스타벅스를 평범한 수준으로 끌어올리지만 B라는 노력은 약점을 보완하는 데 집중하지 않고 강점을 더 강화하는 데 집중함으로써 스타벅스를 더욱 탁월하게 만듭니다. 그래서 노력은 크기만큼이나 출발과 방향이 중요합니다.

잊지 마세요. 당신은 그토록 애타게 찾는 소는 이미 당신이 타고 있습니다. 소를 탄 채 소를 찾지 마십시오. 내게 없는 그것을 찾는 대신 당신에게 이미 와 있는 소를 발견하고, 그로부터 당신만의 탁월함을 향해 여정을 떠나시길 권합니다.

Chapter 6

당신 안의 대표 선수는
누구인가요?

"불꽃과 사귀는 즐거움을 아시나요?"

직장인들이 유난히 들떠 있는 시기가 있습니다. 바로 봄인데요. 이 시기가 되면 직급별 승진자 발표가 이어지고, 신임 보직자를 위한 교육 과정이 개설됩니다. 여러 가지 근거와 이유로 승진하는 자와 승진하지 못하는 자가 결정되지만 자신의 자리에서 주어진 자신의 몫을 다했다고 인정받은 사람들이 참여하는 신임 보직자 교육 과정의 열기는 불꽃처럼 뜨겁습니다.

대리로, 팀장으로, 임원으로 승진한 사람들 모두 넘치는 의욕으로 교육에 참여하기 때문에 강의 진행도 수월하고 반응도 더욱 뜨겁습니다. 강연자가 참여자에게 큰 에너지를 얻어 오는 시즌이기도 합니다.

그러나 승진자들의 열정은 곧 큰 딜레마를 만나게 됩니다. 지금까지 익혀왔던 노하우와 열정을 끌어낼수록 딜레마는 더욱 깊어집니다. 이는 승진 후에도 승진 전의 성공 방정식을 대입해서는 안 된다는 사실을 말합니다. 새로운 역할에 적응해 나가기 위해서는 내 안에 다른 역할을 이끌어내야 합니다. 그러기 위해서는 자신을 가장 크게 도왔던 성공 방정식을 면밀히 재검토하고 냉철하게 재구성해야 합니다.

그렇다면 새로운 역할에서의 새로운 성공 방정식을 찾기 위해 우리가 만나야 할 존재는 누구일까요? 그 또한, 내 안의 대표선수인 재능Innate Behavior 입니다.

재능은 당신 안에 존재하는 여러 존재를 이끄는 리더입니다. 가장 탁월하고 믿을 만한 녀석이 재능이기 때문이지요.

그런데 여기서 질문이 생깁니다.

"나의 재능을 알아보는 방법은 무엇일까요?"

이번에는 스스로 자신의 재능을 알아보는 첫 시도에 대해
살펴보려고 합니다.
재능, 강점……. 참으로 흔하게 보고 자주 접하던 단어들이
지만 정작 재능과 강점이라는 단어에 대해 깊이 있게 고민
해본 사람은 많지 않습니다. 재능의 사전적인 의미는 '어떤
일을 하는 데 필요한 재주와 능력. 훈련에 의하여 획득된 능
력'입니다.

그러나 순수한 의미의 재능은 더 좁은 의미만을 허락합니다.
개인의 타고난 재주와 능력은 순수한 의미의 재능에서 포함
하는 말이지만, 훈련에 의해 획득된 능력은 순수한 재능에
포함하지 않습니다. 타고나지는 않았지만 학습과 훈련에 의
해 강화된 재주와 능력이라면, 재능이 아니라 '학습된 재능
Learned Behavior'이라고 부릅니다. 순수한 의미의 재능과 학습된
재능의 의미를 구분해서 간단히 표현하면 아래와 같습니다.

- 순수한 재능 = 타고난 재주 + 능력

- 학습된 재능 = 타고나지는 않았지만 긴 학습과 반복된 훈련으로 강
  화된 재주 + 능력

- 타고난 재능 ≠ 학습된 재능

그럼 타고난 재능과 학습된 재능의 차이를 알 수 있는 방법은 무엇일까요?

타고난 재능과 학습된 재능은 공통점과 차이점을 함께 가지고 있습니다. 공통점은 남들보다 우수한 성과를 낼 수 있는 분야라는 것입니다. 차이점은, 타고난 재능은 오랜 시간 신나고 즐겁게 해낼 수 있는 일이지만 학습된 재능은 그렇지 않다는 점입니다.

- 재능: 오래도록 신나게 몰입하며 높은 성과를 낼 수 있는 일

- 학습된 재능: 오랜 반복과 훈련으로 상대적으로 높은 성과를 내지
  만 타고난 재능보다 에너지 소진이 크게 느껴지는 일

특히 기업 임원의 경우 전략이나 영업 쪽에서 오랜 커리어를 쌓다 보니 해당 업무 분야에 타고난 재능을 가진 사람으

로 여겨지는 경우가 많습니다. 그런 분들과 자신의 타고난 재능을 발견하는 일을 진행하다 보면 결과를 받아들이지 못하고 의아해하시는 분들이 있습니다.

"이게 저의 타고난 재능이라고요?"

놀라는 이유가 여기에 있습니다. 타고난 재능과 학습된 재능은 다른데, 타고난 재능을 발견하고 보니 언뜻 자신이 지금껏 해왔던 업무와 연결되지 않는다고 느끼기 때문입니다. 자신의 재능을 알기 위해서 무작정 진단을 찾고, 전문가를 찾아다닐 이유는 없습니다. 사실 자신의 재능에 대한 단서는 모두 자신이 가지고 있기 때문이지요. 자신이 지나온 인생 속 장면을 차근히 들여다보면서 질문을 던져보는 일이 오히려 자신의 재능과 처음 만나고 싶은 사람들에게 유익한 출발입니다.

스스로 자신의 재능을 만나고 싶을 때 유익한 질문 두 가지를 소개하겠습니다.

Q1. 당신은 무엇에 이끌리고, 열정을 느끼나요?

Q2. 당신에게 찾아왔던 우연의 순간 중에서 당신을 가장 강력하게 이끌었던 순간은 언제인가요?

당신 안의 대표선수가 누구인지 궁금한가요?
그렇다면 두 질문으로 자신과의 인터뷰를 시작해보세요. 그리고 추억 속에 잠자고 있던 당신을 이끌어줄 내면의 리더가 답하는 의미 있는 이야기에 귀 기울여 보세요.

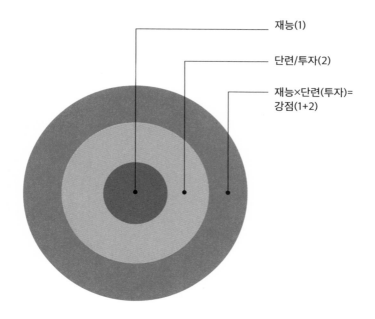

재능(1)

단련/투자(2)

재능×단련(투자)=
강점(1+2)

그림 9 　재능과 강점의 비교

타고난 재능은 단련과 투자의 과정을 거쳐야만 당신의 삶을 든든히 돕는 강점이
될 수 있습니다. 재능만으로 당신의 인생이 강점 기반의 삶이 되진 않아요.

Chapter 7

재능은 완성된 요리가
아니랍니다

"저는 왜 계속 제자리걸음일까요?"

많은 청춘과의 만남이 있던 날, 한 청춘이 강의를 마친 저에
게 다가왔습니다. 한의학과를 다니고 있다고 자신을 소개한
그는 경영 컨설턴트라는 직업에 관심이 있다고 했습니다.
그러던 중 저의 경력을 보고 이야기를 나누어보고 싶었다고
했고, 경영 컨설턴트로 일하게 된 구체적인 계기와 업무 전
반에 대해 물어왔습니다. 다음 일정이 있던 저였기에 강의를

마치고 그를 따로 만났습니다. 열정이 있는 사람이었습니다. 그는 정보와 사람을 적극적으로 찾는 주도성이 있는 사람이었습니다. 목표를 위해 해야 할 일이 있다면 주저하지 않고 착수하는 행동력도 있었습니다. 눈빛과 말투에서 자신감이 돋보이기도 했습니다.

그러나 그 친구는 긴 시간 제자리걸음이라고 고백했습니다. 경력이 발전해나가지 못하고 여러 갈래로 에너지가 흩어지고 있다고도 했습니다. 열정도 재능도 돋보이는 청춘이 긴 시간 제자리에 머무르는 이유는 무엇일까요?

열정과 재능은 나다운 성취를 이루는 중요한 함수임에 틀림이 없습니다. 그러려면 열정과 재능이 마땅한 곳에 자리를 잡고 비바람과 갈증을 견딜 수 있도록 뿌리를 내릴 수 있어야 합니다. 제대로 꽃을 피우기 위한 토양을 만나야 하고 뿌리를 내릴 때까지 기다려주어야 합니다. 열정과 재능이 동심원을 그릴 수 있는 끈기와 시간이 필요합니다.

열정과 재능을 꽃피울 수 있는 토양은 당신 마음에 찾아온 동경을 대하는 태도입니다. 동경이란, 어떤 것을 간절히 그리워하여 그것만을 생각하는 마음이지요. 동경은 생각보다 자주 우리를 찾아옵니다. "어~" 하고 마음이 동하는 순간마다 지금까지의 수고를 모두 버리고 다른 동경을 향해 뿌리를 옮기는 일은 위험할 수 있습니다.

동경에도 종류가 있습니다. 진짜 동경과 유사 동경입니다. 유사 동경a similar yearning도 당신을 흔들 수 있고, 진짜 동경도 당신을 뒤흔들 수 있습니다. 그래서 동경하는 순간과 동경하는 사람을 만났을 때 우리는 오히려 차분해져야 합니다. 진짜 동경보다 유사 동경이 더 자주 당신을 찾아오기 때문입니다.

예를 들어볼까요. 스튜어디스가 되고 싶은 한 대학생의 마음속에 동경을 들여다봅니다. 그러고는 묻습니다.

Q1. 당신은 왜 스튜어디스가 되고 싶나요?

A1. 스튜어디스가 된 사람들이 멋있어 보이고, 무엇보다 유니폼이 예뻐 보여서요.

A2. 여러 나라 유명한 곳을 마음껏 다닐 수 있어서요.

A3. 다른 직장보다 비교적 높은 연봉을 받을 수 있어서요.

대화 속에 나오는 주인공의 동경은 어떤 동경일까요? 유사 동경일까요, 진짜 동경일까요? 그럴 때 우리는 나의 동경이 그 일의 본질에 닿아 있는지 생각해볼 수 있습니다. 일의 본질이 아닌 일의 부가적인 속성을 보고 동경하게 된 일은 유사 동경이라고 부를 수 있습니다. 유사 동경은 진짜 동경보다 뿌리가 약합니다. 직장생활 속에서 고난과 갈등을 만날 때마다 자신을 잡아줄 힘이 약하기 때문에 쓰러지기 쉽습니다. 알맞은 자리도 잡지 못하고 뿌리를 내리지도 못한 여린 묘목이 거센 비와 바람을 만나면 어떻게 될까요?

스튜어디스라는 일의 본질을 알고 제대로 동경하는 사람이라면 강한 서비스 정신과 체력을 모두 가져야 하는 일임을 이해합니다. 그럼에도 불구하고 스튜어디스라는 직업을 갖고 싶다는 마음이 드는 것이 진짜 동경입니다. 가짜 동경으로 스튜어디스가 된 사람과 진짜 동경으로 스튜어디스가 된 사람은 매 순간 희로애락의 순간을 보내며 점점 다르게 직업을 받아들이게 됩니다. 열정과 재능으로 항공사에 입사해서 자신의 잠재력을 제대로 꽃 피우려면 진짜 동경에서 출발해야 합니다.

우리는 압니다. 평생 하나의 직업을 가지던 시대는 이미 지나갔다는 사실을요. 우리는 압니다. 'N잡러'의 시대가 열렸고, 2030 청춘들도 1인 기업인으로의 삶을 열어나가는 사례가 많아지고 있다는 사실을요.

그러나 알맞은 재능과 열정이라는 씨앗이 적당한 토양을 만나 뿌리를 내려야 하고, 그래야 비와 바람을 견딜 수 있다는 점은 변함이 없습니다. 뿌리를 내리고 든든히 서야, 외적인 성장과 내적인 견고함을 이뤄낼 수 있다는 사실에도 변함이 없습니다. 이제 막 뿌리가 내려지려는 순간에 이곳저곳 자리를 옮기려는 마음이 자주 드는 사람이라면 마음의 중심을 바로잡아야 합니다. 자칫 큰 나무가 될 준비를 마쳐야 할 중요한 시기를, 뿌리를 옮겨다니느라 놓칠 수 있기 때문이지요.

나다운 삶을 살고 싶은 청춘들을 만날 때마다 자주 듣는 이야기가 있습니다.

> "저는 재능과 맞지 않는 일을 하고 있습니다. 저의 재능에 맞는 직업, 저의 재능에 맞는 부서로 옮겨가고 싶은데 여건이 허락지 않아요. 어떻게 하면 좋을까요?"

2부 나만의 강점을 이해하는 출발점

재능과 적성의 상관 관계는 재능에 대한 여러 오해 중에 아마도 가장 강력하고 바꾸기 어려운 오해가 아닌가 싶습니다. 재능은 사실 직업으로 직접 연결하기 어려운 개념입니다. 요리로 비유하자면 재능은 하나의 완성된 요리가 아니라 요리를 위해 활용할 수 있는 식재료에 가깝습니다.

문득 어떤 요리가 먹고 싶을 때, 우리는 냉장고 사정에 따라 다른 종류의 같은 요리를 만들어낼 수 있습니다. 요리에 대한 고정관념만 버린다면 말이지요.
예를 들어볼까요? A라는 사람이 된장찌개가 먹고 싶습니다.

"어디 보자, 무엇을 가지고 된장찌개를 끓일까?"

냉장고를 열어보니 건새우, 애호박, 감자, 소고기, 된장이 눈에 들어옵니다.
이웃에 사는 B씨도 저녁 메뉴로 된장찌개를 생각하고 있습니다. 냉장고를 열어보니 된장찌개에 활용할 수 있는 재료로 다시국물을 낼 수 있는 멸치, 팽이버섯, 두부, 배추, 미소된장이 보이네요.

"아, 맛있다!"

두 사람은 각자 가진 재료로 된장찌개를 끓였습니다. 그러고는 모두 된장찌개 덕분에 행복했습니다. A와 B는 다른 재료를 가졌지만 훌륭한 맛이 나는 자기만의 된장찌개를 완성할 수 있었던 것이지요.

재능도 마찬가지입니다. 원하는 목표(요리)가 있다면, 가장 먼저 자신이 가진 재능(식재료)을 확인해보고, 자신이 할 수 있는 조리법에 따라 요리를 만들어내면 됩니다. 가끔 원하는 요리와 전혀 어울리지 않는 재료밖에 없는 상황을 만난다면 어떻게 해야 할까요?

된장찌개가 먹고 싶은데, 냉장고 속에 밀가루, 참기름, 몇 가지 채소와 모시조개가 있다면요? 차라리 된장찌개보다는 해물 칼국수를 만들어봐도 좋을 것 같습니다. 꼭 된장찌개를 먹어야겠다면 평소 친하게 지내는 이웃에게 한두 가지 식재료를 빌려쓰고 기분 좋게 나누어먹거나 된장찌개 맛집을 찾아가서 사먹어도 좋겠지요.

매번 마주하는 인생의 목표들을 가장 즐겁고 효율적으로 얻는 지혜는 내게 없는 재료를 원망하는 일이 아닙니다. 그 대신 당신의 냉장고 속에 있는 재료를 파악하고, 그 재료가 필요할 때 제대로 쓸 수 있도록 자주 활용해보아야 합니다. 때로 자신의 식재료가 부족하다면, 이웃의 식재료를 함께 활용해볼 수 있습니다. 함께 요리를 하고 맛있게 나누어먹을 사람이 있다면 각자의 삶도, 함께하는 삶도 더욱 충만해지지 않을까요.

혹시 당신의 재능과 당신이 지금 하고 있는 일이 어울리지 않는다고 느껴지나요? 그럴 땐 재능에 대한 선입견만으로 꼬리표를 붙여 재능의 다양한 활약을 방해하는 대신 원하는 요리를 만들기 위해 당신이 가진 재능을 어떻게 활용할지 생각해보세요. 배가 고플 때 냉장고를 열어 메뉴를 고민하는 것처럼 말이지요. 창조적으로 요리하는 요리사라면 이미 가진 당신의 식재료만으로도 누구도 생각지 못한 멋진 요리를 만들어낼 수 있을 테니까요.

"나는 나무를 오래 살게 하거나 많이 열매 맺게 할 능력이 없다. 나무의 천성을 따라서 그 본성이 잘 발휘되게 할 뿐이다. 무릇 나무의 본성이란 그 뿌리는 펴지기를 원하며, 평평하게 흙을 북돋아주기를 원하며, 단단하게 다져주기를 원하는 것이다."
- 나무 심는 사람, 곽탁타의 이야기 중에서

- 3부 -

강점을 삶으로
연결하는
12단계 솔루션

───── 3부는 본격적으로 당신의 강점을 발견하고 삶의 여러 방면과 강점을 연결해내기 위한 구체적인 방법론이 담겨 있습니다. 대한민국의 많은 사람이 자신의 강점을 알기 위해 강점 진단을 실시하고, 다시 기존의 삶으로 돌아가는 비극을 안타까워하는 마음에서 출발한 솔루션이기도 하고, 저자가 강점 코칭 1만 케이스를 경험하면서 리더로 청춘으로 삶에서 만나는 문제들을 강점으로 풀어나갔던 실제 방법을 구체적으로 소개하는 장이기도 합니다.

강점을 삶으로 연결하기 위해 제시된 12단계는 꼭 1단계부터 차례대로 적용해볼 필요는 없습니다. 다만, 1~3단계인 '삶에서 강점의 흔적 찾기', '강점의 언어 만나기', '나의 강점 인정하기'는 필수적으로 먼저 시도해 보시는 편이 좋습니다. 찾아보지도 언어화하지도 인정하지도 않은 강점을 당신의 삶으로 가져오기란 힘들기 때문입니다. 이후 4~9단계의 솔루션은 개인 단위의 목표 달성을 위해, 10~12단계 솔루션은 조직 단위의 목표 달성을 위해 활용하시면 됩니다.

3부를 쓰면서 강점을 주제로 코칭이나 강연을 나갈 때마다 사람들이 자주 물어오는 질문에 답할 수 있어 기뻤습니다. 3부를 통해 더 많은 분이 강점을 타고 최고의 나Best of me, 최고의 우리 Best of us와 자주 만나시길 바랍니다.

강점의 흔적
찾기

감탄이 쏟아집니다. 외국인들이 한국에 초대되어 한국의 곳곳을 방문하는 TV 프로그램을 보면 감탄이 자주 등장합니다. 그들의 반응을 보며 한국인인 저는 한국을 다시 바라보게 됩니다. 그리고 문득, '왜 나는 저들처럼 감탄하지 못하고 한국에 살고 있을까?' 하고 반성이 되기도 합니다.

스위스에서 온 외국인들이 등장한 편을 봤습니다. 스위스는 많은 사람이 가보고 싶어하는 동경의 나라이기도 한데요. 수

려한 자연경관, 든든한 복지 혜택, 평화로웠던 역사, 장인들이 만들어내는 고부가가치의 제품들, 스위스를 떠올리며 부러워할 대목은 풍성합니다.

그런데 스위스 친구들의 소감은 또 다릅니다. 며칠간 한국의 곳곳을 여행하면서 스위스보다 대한민국이 더 감탄스러운 이유를 끊임없이 찾아냅니다. 한국의 바다는 감탄입니다. 한국의 갯벌도 감탄입니다. 스위스에서는 바다를 볼 수 없고, 바다가 없으니 갯벌도 없습니다. 분단의 역사와 정치적 경제적 위기를 딛고 일어난 한국의 국민성 또한 스위스인에게 감동과 교훈을 전해줍니다. 저에게는 익숙하고, 익숙해서 경이로움이 무뎌졌던 지점들이었죠.

그리고 보면, 대한민국도 스위스도 서로 감탄할 점이 많습니다. 둘이 너무 다르기 때문이지요. 감탄은 서로 다른 지점에서 나옵니다. 자원도 마찬가지입니다. 온천으로 풍요롭게 살아가는 나라가 있듯, 석유로 풍요롭게 살아가는 나라가 있고, 경치로 풍요롭게 살아가는 나라도 있듯, 국민성으로 큰 기적을 이루어내는 나라가 있습니다.

사람에게도 자원이 있습니다. 사람에게 타고난 자원이란 무엇일까요? 바로 재능입니다. 재능은 남들과 다른 나만의 지점입니다. 이미 특별해서 조금만 애정을 가지고 바라보면 감탄할 수 있는 자태를 드러내는 지점이 바로 재능입니다. 이런 재능을 발견하고 가꾸기까지 한다면 나의 삶과 내가 속한 공동체의 삶이 모두 풍요로워질 것입니다. 내내 가지고 살아왔지만 자신의 재능을 바라보지도, 발견하지도 못한 채 살아왔다면 당신의 삶에서 감탄이 사라졌을지도 모릅니다. 그럴 때 나의 천연자원을 다른 눈으로 바라보는 시도가 필요합니다.

어쩌면 한국인인 우리는 서로의 다름이 무엇인지보다 서로의 같음이 무엇인지에 자긍심을 가지고 살아왔는지도 모릅니다. 단일 민족이라는 자긍심, 유교사상이라는 가치관 속에 우리는 다함께 추구해야 할 삶의 방식을 배우고 익히는 일이 중요하다고 배우며 자랐으니까요. 그러고 보면 유교 사상의 근간에는 조상 숭배, 내외사상, 장유유서, 상하 계층 구분이라는 생각이 선명하게 자리 잡고 있습니다. 그런 맥락에서 보면 개인마다 가지고 있는 자원이 무엇인지 궁금해하는 일은 우리에게 덜 중요한 일이었던 것 같습니다.

그러나 우리는 이전과는 다른 시대를 만나고 있습니다. 다른 나라를 벤치마킹하며 남다른 열정을 불태우며 이뤄낸 대한민국의 눈부신 경제성장도, 보증수표라고 믿었던 개인의 성공 방식을 말하던 자기계발 도서의 메시지도 힘을 잃어갑니다. 나라도 기업도 개인도, 이제는 나만의 탁월함을 발견하고 정교화하지 못하면 성장도 생존도 이끌어낼 수 없습니다.

과거에 우리는 동일함을 추구하는 것을 미덕으로 여겼지만, 지금 우리는 남다른 것에 열광합니다. 그러나 사람들의 일상은 여전히 남과 동일한 지점을 늘리기 위해 노력합니다. '넘버 원', '온리 원'이 되고 싶은 마음을 모른 척하며 남들과 같아지기 위해 남다름을 포기합니다.

하지만 변화는 시작되고 있습니다. 기업부터 바뀌고 있습니다. 기업은 이전과 같은 방식으로 생존도 성장도 어렵다는 현실을 받아들이고 있습니다. 기업은 생존과 성장을 위해서 비용, 마케팅, 창의력, 문제해결, 조직의 유연성 등 전 분야를 혁신하려고 애쓰고 있습니다. 동질집단이 마주한 한계를 풀기 위해 이질집단을 잘 받아들이기 위한 방법을 고민하고 있습니다. 동질집단이 마주한 한계와 난관을 동질집단이 풀어내기란 어렵습니다. 새로운 성장 동력을 발견하고 구현하는 일은 동질집단의 한계와 난관을 풀어낼 수 있는 새로운 탁월함이 더해져야 가능합니다.

개인도 마찬가지입니다. 기존의 성공 방정식이 통하지 않는 시대에서 성취와 만족을 느끼려면 내 안의 남다른 부분을 주목하고 반겨야 합니다. 당신이 지닌 자원이 무엇인지 아직 모른다면, 당신의 재능에 관심을 가지고 애정을 더해줄 기회가 가져야 합니다. 그러기 위해 당신이 걸어온 삶의 길을 보여줄 블랙박스를 열어보는 일이 필요합니다.

관성적인 경쟁의 흐름에서 벗어나야 다름을 발견하고 감탄할 수 있습니다. 이전에 없던 새로운 조합이 당신 안에 있다는 사실을 마주할 수 있습니다. 지니고 있었으나 귀한 줄 몰랐던 당신의 보물을 찾기 위해 다른 시각으로 바라보시길 권합니다. 당신의 보물이 있는 곳에 당신의 마음이 있고, 당신의 마음이 있는 곳에 당신의 미래가 있습니다.

3부 강점을 삶으로 연결하는 12단계 솔루션

12단계 | 강점으로 사랑하기|Love

11단계 | 강점으로 리드하기|Lead

10단계 | 강점으로 역동하기|Dynamic

10~12단계는
함께 목표를 달성하기
위한 강점 솔루션

9단계 | 강점으로 프레임 바꾸기|Change

8단계 | 강점으로 정리하기|Focus

7단계 | 강점 보호하기|Protect

6단계 | 강약 조절하기|Control

5단계 | 약점 고백하기|Confess

4단계 | 강점으로 부르기|Call

4~9단계는
개인적으로 목표를
달성하기 위한
강점 솔루션

3단계 | 강점 인정하기|Admit

2단계 | 강점의 언어와 만나기|Meet

1단계 | 강점의 흔적 찾기|Find

1~3단계는
필수적으로 먼저
시도해야 할 솔루션

강점 솔루션 12단계 트라이앵글

내 삶의 명장면 베스트 5는 무엇일까요?

당신 삶의 블랙박스를 열어보세요. 그리고 떠올려보세요. 당신이 지나온 삶의 구간에서 가장 벅찼던 순간은 언제인가요? 당신이 온전히 뿌듯하고 벅찼던 순간을 되짚어보세요. 그리고 차분히 정리하는 시간을 가져보세요.

내 삶의 명장면 1 ···

언제 _____

무엇을 할 때 _____

무엇을 이루었을 때 _____

나는 벅차고 뿌듯했습니다.

내 삶의 명장면 2 ···

언제 _____

무엇을 할 때 _____

무엇을 이루었을 때 _____

나는 벅차고 뿌듯했습니다.

내 삶의 명장면 3 ···→

언제 _____

무엇을 할 때 _____

무엇을 이루었을 때 _____

나는 벅차고 뿌듯했습니다.

내 삶의 명장면 4 ···→

언제 _____

무엇을 할 때 _____

무엇을 이루었을 때 _____

나는 벅차고 뿌듯했습니다.

내 삶의 명장면 5 ···→

언제 _____

무엇을 할 때 _____

무엇을 이루었을 때 _____

나는 벅차고 뿌듯했습니다.

강점의 언어와
만나기

A라는 사람이 당신을 궁금해합니다. A는 당신에게 이렇게 묻습니다.

"당신을 둘러싼 환경은 어땠나요?"

"환경을 통해 당신이 받은 내면의 상처가 있다면 무엇인가요?"

이번에는 B라는 사람이 당신을 궁금해합니다. B는 당신에게 이렇게 묻습니다.

　　"당신의 원하는 삶의 목표는 무엇인가요?"
　　"삶의 목표를 향하기 위해 당신이 집중해야 할 내면의 탁
　　월함은 무엇인가요?"

A와 B는 당신을 알기 위해 다른 방향의 질문을 던지고 있
습니다. 두 사람을 차례로 마주한 당신은 각각 어떤 기분이
들까요?

우리는 A의 질문을 전통적 심리학의 접근법이라고 해석합
니다. 그리고 B의 질문을 긍정심리학의 접근법이라고 해석
합니다. 전통적인 심리학이 인간을 이해하기 위해 정신의 질
병과 부정적인 특성을 교정하는 데 관심을 가졌다면, 긍정
심리학은 인간의 행복과 긍정적인 특성을 계발하는 일을 관
심을 두고 있습니다.

기존의 심리학은 제2차 세계대전 이후 전후 복구를 위해 전
쟁 피해자들과 상이용사들을 회복시키기 위해 인간의 병리
적 측면에 관심을 두었습니다. 그러다 1990년대에 들어서

면서, 인간의 부정적인 측면에 비해 긍정적인 측면에 대한 관심이 상대적으로 낮았다는 자성이 일어나게 되었습니다. 그렇게 심리학은 자기성찰을 통해 자신의 역할을 확장하게 되었습니다.

긍정심리학은 심리학의 역할을 질병의 교정과 치료에만 국한하지 않고 삶의 전반에 걸쳐 건강한 측면을 계발하는 것으로까지 확장하고 있습니다. 기존의 심리학이 당신 삶의 마이너스(-)를 0으로 만드는 길을 제시했다면, 긍정심리학은 당신 삶의 0을 플러스(+)로 만드는 길을 제시하고 있는 셈입니다.

가끔 긍정심리학의 메시지를 오해하는 사람들이 있습니다. 긍정심리학의 핵심 메시지는 '긍정적으로 마음만 먹으면 우주가 너를 도와줄 거야!'가 아닙니다. 지금까지 당신이 극복하려고 노력했던 당신의 약점을 모조리 무시하라는 말도 아닙니다. 긍정 만능주의는 학계에서도 일반인의 마음속에도 이미 폐기되었습니다.

긍정을 중심에 두고 사는 삶은 한번에 실현되지 않습니다.

삶 속에서 긍정과 부정의 비율을 조금씩 조정하는 시도에서 시작됩니다. 삶에서 긍정과 부정의 비율을 조정하는 시도는 강점과 약점의 비율 조정하는 일이기도 합니다.

긍정을 중심에 두고 사는 삶은 지금보다 자주 강점을 떠올리고 지금보다 자주 강점을 활용하려고 애쓰는 삶입니다.

자신의 약점을 7, 강점을 3으로 감안하며 인생을 살아왔다면 서서히 비율을 조정해서 강점을 7, 약점을 3으로 두는 태도를 갖겠다고 결심하고 서서히 시도해가는 과정입니다. 삶의 가르마를 왼쪽에서 오른쪽으로 조금씩 옮겨가는 일입니다.

약점 보완에 치우쳤던 삶의 가르마를 강점 활용으로 조금씩 바꾸어가는 일입니다.

긍정도 강점도 마법이 아닙니다. 긍정과 강점은 손에 잡히는 병법이 되어야 합니다. 당신에게 가장 필요한 도구이며, 당신에게 가장 유용한 무기이기 때문입니다.

당신의 강점이 무엇인지 언어로 만나고 싶은 당신을 위해 다음 페이지에 '강점 트래킹'을 준비해두었습니다. 마음과 시간이 허락하는 분들은 강점 트래킹 이후에 시중에 나와 있는 강점 진단을 해보셔도 좋겠지만, 진단보다 나 스스로 나의 강점이 무엇인지 차근히 떠올려보는 시간이 먼저여야 합니다.

강점 진단도 강점 트래킹도 당신의 삶이 긍정으로 선회하는 데 유용합니다. 그러나 어떤 진단도구도 완벽하지 않습니다. 강점 진단을 한 번 해보고서 자신의 강점을 단정하는 일, 자신과 상대의 진단 결과를 보며 꼬리표를 다는 일은 위험합니다. 강점 진단도 강점 트래킹도 당신의 탁월함을 제대로 알아가기 위한 시작일 뿐이라는 사실을 이해해야 합니다.

진정한 의미의 강점 혁명은 한 번에 쏟아붓는 강렬한 소나기가 아닙니다. 한 그루의 식물을 탐스럽게 키우기 위해 한 사람이 오롯이 들여야 하는 노력처럼 잔잔하고 꾸준한 시도여야 합니다.

당신의 강점을 이미 만났거나, 오늘 강점 트래킹을 하며 당신의 상위 재능을 만난다면 누구보다 꾸준히 당신의 상위 재능을 사랑해주세요. 앞으로의 삶에서 자주 들여다보세요. 그리고 당신의 상위 재능이 목마르지 않도록 물을 주고, 볕을 주세요. 그렇게 꾸준하게 당신의 강점을 위하고 키워나가는 일이 바로 하늘도 도와주는 '스스로를 돕는 자'가 되는 일입니다. 그렇게 스스로 돕는 자만이 하늘의 도움을 받을 수 있습니다.

··· 강점 솔루션 2단계 ···

나의 상위 재능 TOP 5는 무엇일까요?

자아 성찰로 당신의 상위 재능을 알아보는 강점 트래킹

강점 트래킹에 임하는 마음가짐 ···

당신은 완벽하지 않지만, 분명 누구보다 탁월한 재능을 가지고 있습니다.

강점 트래킹을 통해 이미 당신 안에 오래전부터 존재해 왔지만 소홀히 대했던 당신의 탁월함이 무엇인지 곰곰이 생각해보는 시간을 가져보려 합니다.

한번에 뚜렷하게 떠오르지 않아도, 당신이 부러워하는 재능과 달라도 괜찮습니다. 중요한 것은, 당신의 기억과 직관을 믿고 '있는 그대로 당신의 재능'을 발견해보는 경험이니까요.

강점 트래킹 ···

강점 트래킹을 돕는 표 <강점 트래킹 4 스퀘어Strengths Tracking 4 Square>를 보며, 아래의 문장에 들어갈 수 있는 당신의 상위 재능을 5개만 찾아보세요.

상위 재능 1

나는 _____ 에 큰 관심을 가지고 있습니다. (동경)

나에게 _____ 은(는) 큰 의미입니다. (의미)

나는 _____ 의 순간 몰입하게 됩니다. (우선 순위)

나는 _____ 의 순간 탁월해집니다. (잠재 역량)

나는 _____ 의 순간 뿌듯합니다. (내적 충만함)

상위 재능 2

나는 _____ 에 큰 관심을 가지고 있습니다. (동경)

나에게 _____ 은(는) 큰 의미입니다. (의미)

나는 _____ 의 순간 몰입하게 됩니다. (우선 순위)

나는 _____ 의 순간 탁월해집니다. (잠재 역량)

나는 _____ 의 순간 뿌듯합니다. (내적 충만함)

상위 재능 3

나는 _____ 에 큰 관심을 가지고 있습니다. (동경)

나에게 _____ 은(는) 큰 의미입니다. (의미)

나는 _____ 의 순간 몰입하게 됩니다. (우선 순위)

나는 _____ 의 순간 탁월해집니다. (잠재 역량)

나는 _____ 의 순간 뿌듯합니다. (내적 충만함)

상위 재능 4

나는 _____ 에 큰 관심을 가지고 있습니다. (동경)

나에게 _____ 은(는) 큰 의미입니다. (의미)

나는 _____ 의 순간 몰입하게 됩니다. (우선 순위)

나는 _____ 의 순간 탁월해집니다. (잠재 역량)

나는 _____ 의 순간 뿌듯합니다. (내적 충만함)

상위 재능 5

나는 _____ 에 큰 관심을 가지고 있습니다. (동경)

나에게 _____ 은(는) 큰 의미입니다. (의미)

나는 _____ 의 순간 몰입하게 됩니다. (우선 순위)

나는 _____ 의 순간 탁월해집니다. (잠재 역량)

나는 _____ 의 순간 뿌듯합니다. (내적 충만함)

<강점 트래킹 4 스퀘어>

	사랑	나눔	감사
인내	영성	아름다움	유머
소통	존경	탁월	도전
정의	안정	검소	추구가치

예의	존중	의리	
인맥	협의	통합	성장
신뢰	개성	인정	수용
대인관계	공감	공평	경쟁

소신	학습	인과	사고 (思考)
해결	탐구	아이디어	최적
융합	낙관	예견	성찰
	논리	신중	계획

실행	성실	추진	대응
책임	몰입	유연성	안전
질서	능동	공유	축적
용기	자율	협력	

강점 트래킹 4 스퀘어에서 네 귀퉁이에 표시된 빈칸은 당신이 새로운 강점 언어를 추가할 수 있는 공간입니다.

강점 트래킹을 통해 당신이 고른 상위 재능 5가지는 무엇인가요?(당신이 추가한 단어라도 좋습니다)

1) _____

2) _____

3) _____

4) _____

5) _____

상위 재능은 당신 삶의 우선순위, 당신이 가장 탁월해지는 순간을 가장 잘 설명하는 단어(재능)입니다. 당신의 상위 재능 TOP 5의 순서를 정하고 뜻을 찾아보세요. 그리고 검색을 통해 단어의 뜻을 메모해보세요.

1순위 재능 (   )

정의 _____

2순위 재능 (   )

정의 _____

3순위 재능 (　　　　　　　　　　　　　　　　　　　　)

정의 _____

4순위 재능 (　　　　　　　　　　　　　　　　　　　　)

정의 _____

5순위 재능 (　　　　　　　　　　　　　　　　　　　　)

정의 _____

마무리 …›

강점 트래킹을 통해 내가 가진 상위 재능 TOP 5를 스스로 찾아보았습니다. 이
는 강점을 삶의 중심에 두는 첫 시도일 뿐이며, 꾸준히 나의 진짜 재능을 찾고
사랑하고 활용하는 시도를 하겠습니다.

내가 어쩔 수 없는 것들을 받아들이는 평온함을 주시고
내가 어쩔 수 있는 것들은 바꿔나가는 용기와 힘을 주시며
이 두 가지를 구별할 수 있는 지혜도 주소서
- 라인홀드 니버의 《평온을 위한 기도》 중에서

강점
인정하기

중소기업을 경영하고 있는 리더의 요청으로 미팅을 하던 날이었습니다. 올해 초, 경영자 코칭을 위해 석 달 정도 정기적으로 만났던 고객이었죠. 오랜만에 만난 리더는 이전과는 달랐습니다. 눈빛도 자세도 불안해보였습니다. 간단히 인사를 나누고 사연을 들어봅니다.

"6개월 전에 새로운 팀을 만들었어요. 신사업 팀이죠. 신사업 팀은 제가 리더를 겸하고 있는 대표이사 직속 부서예요.

민감하고 묵직한 업무가 쉴 틈 없이 주어지는 곳이라 저를 포함한 팀원 모두가 피곤한 일상을 보내고 있습니다. 표현 하지는 않지만 모두 날카로워지고 있었어요. 그래서인지 팀에 균열이 생기고 균열은 커지고 있습니다.

제가 팀의 균열에 대한 대책을 마련해야겠다고 생각할 때 쯤 팀원 두 명이 사표를 내더군요. 설득할 틈도 없었습니 다. 이제 남은 팀원은 세 명. 남은 사람들도 위태로워 보이 기는 마찬가지예요. 기본적인 자기 업무도 버거울 텐데 떠 난 자들의 업무까지 더해졌으니 요즘 저는 부하직원들 눈 치만 보고 있습니다.

회사의 미래를 책임지는 팀을 만들어보겠다고 평소보다 넘치게 의욕을 부렸는지 후회도 됩니다. 저의 과도한 의욕 이 팀을 흔들고 있는 건 아닌지요. 더 늦기 전에 중심을 잡 고 싶습니다. 팀의 균열을 메꾸고 강점이 빛을 발하는 팀을 만들려면 리더로 어떤 시도를 해야 할까요?"

균열이 커지고 있는 팀과 그 팀을 걱정하는 리더. 그러나 제 눈에는 팀보다 리더가 더 위태로워 보였습니다. 강점 기반의 팀을 만들기 위해서 가장 먼저 리더 자신을 되돌아보는 시간을 가지기로 했습니다. 리더에게 물었습니다.

"대표님, 리더로서 자신의 강점이 뭐라고 생각하세요?"

리더는 한동안 침묵했습니다. 많은 말을 쏟아내던 사람이 침묵한다는 것은 반가운 신호입니다. 자신을 강하게 사로잡던 생각에서 벗어나는 순간이기 때문입니다. 조용히 생각하던 리더는 조심스럽게 말문을 열었습니다. 그 대답은 그동안 리더가 얼마나 불안했는지 느끼게 했습니다.

"제가 리더로서 강점이 있기는 할까요? 다른 사람들보다 몇 곱절로 열심히 일하는 것이 유일한 해법이라고 생각하고 살아왔지만 요즘은 '내가 리더가 될 자격이 있기는 할까?' 하는 생각이 자주 듭니다."

믿고 싶지만 믿을 수 없는 상대가 있다면 내 마음속에 믿음이 있는지 점검해보아야 합니다. 자신을 믿을 수 없는 사람도 마찬가지입니다. 고민을 가진 리더의 마음속에 자신을 믿어줄 수 있는 힘이 있는지 점검해보기로 합니다. 아무리 누군가를 사랑하고 싶어도 마음에 줄 수 있는 사랑이 없다면 소용이 없는 일이니까요.

강점 기반의 팀을 만드는 일도 마찬가지입니다. 팀의 중심에 있는 리더가 스스로에게 리더십이 있다는 사실을 믿어야 합니다. 그 믿음에서 리더십이 출발할 수 있습니다. 모든 리더에게 리더로의 강점이 있다는 믿음은 리더마다 리더십의 DNA가 다르다는 것을 인정하는 일입니다. 카리스마로 팀을 이끄는 리더가 있는 한편, 포용으로 팀을 이끄는 리더가 있습니다. 날카로운 전략으로 팀을 이끄는 리더가 있는 한편, 평범한 사람들의 탁월한 아이디어를 모아서 팀을 이끄는 리더가 있습니다.

"내게 리더십이 있기나 할까?"
"내게 리더십이 있다면, 리더십의 DNA가 뭘까?"

이 질문에 대한 답변은 리더의 상위 재능 TOP 5로 풀어낼 수 있습니다. 리더 당신이 가진 상위 재능 TOP 5가 무엇인지 가만히 들여다보세요. 당신이 팀원들에게 다가가고 당신이 팀원들을 이끌 수 있는 가장 강력한 리더십의 단초가 바로 당신의 상위 재능 안에 숨어 있습니다.

리더의 사고방식을 예로 들어보겠습니다.

"업무 현장에서 당신은 어떤 생각에 능한 리더인가요?"라는 질문을 자신에게 던질 수 있다면 "리더는 ○○한 생각에 능해야 합니다"라는 단정형의 문장보다 나다운 리더십의 DNA를 찾기에 유리합니다. 출발이 리더십의 정답이 아니라 리더 자신이기 때문입니다. 아래 표를 함께 보실까요?

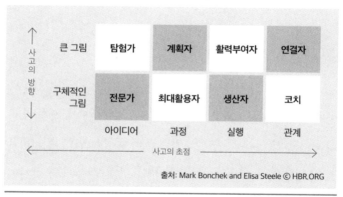

그림 10 당신은 어떤 사고방식을 가지고 있나요?

우선 당신의 평소 관심 분야를 선택하세요. 그 다음 당신의 일터가 1)큰 그림big picture과 구체적인 그림 중에서 어떤 방향과 사고를 선호하는지, 2)아이디어, 과정, 실행, 관계 중 어떤 이슈를 우선적으로 고려하는지 골라보세요. 당신은 어떤 방향과 초점으로 사고하는지 알아보세요.

3부 강점을 삶으로 연결하는 12단계 솔루션

앞의 도표는 리더에게 두 가지 질문을 던집니다. 여러분도 답해보시기 바랍니다.

Q1. 당신은 큰 그림의 사고에 능한가요, 구체적인 그림의 사고에 능한가요?

A. _____

Q2. 당신은 아이디어, 과정, 실행, 관계 중 어디에 초점을 두고 생각하는 리더인가요?

A. _____

어떠세요? 당신의 생각이 주로 머무는 곳, 당신의 생각이 신나게 질주하는 곳을 찾는 것만으로도 당신의 리더십은 정체를 드러냅니다. 답변에 따라 당신의 사고 유형이 무엇인지 찾아보면 당신을 설명하는 새로운 단어를 찾을 수 있는데요. 당신은 8가지 사고 유형 중 어디에 속하는 리더인가요?

탐험가Explorer: 큰 그림의 사고 선호+아이디어 중심의 사고 선호

계획자Planner: 큰 그림의 사고 선호+과정 중심의 사고 선호

활력부여자Energizer: 큰 그림의 사고 선호+실행 중심의 사고 선호

연결자Connector: 큰 그림의 사고 선호+관계 중심의 사고 선호

전문가Expert: 구체적인 사고 선호+아이디어 중심의 사고 선호

최대활용자Optimizer: 구체적인 사고 선호+과정 중심의 사고 선호

생산자Producer: 구체적인 사고 선호+실행 중심의 사고 선호

코치Coach: 구체적인 사고 선호+관계 중심의 사고 선호

자신의 리더십 DNA를 모르는 리더는 팀을 충만하게 사랑할 수 없습니다. 리더가 자신부터 알아가지 않으면 팀을 이끌 수 없습니다. 리더가 리더십의 DNA를 찾아간다면 팀원들의 강점 DNA를 찾는 일로 나아갈 수 있습니다. 리더가 자신의 리더십을 발견하는 일은 이전에 없던, 나눠줄 수 있는 사랑이 리더의 마음속에 만드는 일이기도 합니다. 새로 생긴 사랑은 새로운 화합을 만들어냅니다. 전쟁터라고 느껴지던 업무 공간에 리더가 능숙한 방식의 사랑이 더해지면 포근한 온기가 생겨납니다. 잊지 마세요. 조직의 온기는 리더가 자신에게 보내는 온기에서 점화됩니다.

나의 리더십 DNA는 무엇일까요?

리더십은 '있다', '없다'의 문제가 아닙니다. 자신의 리더십을 발견한 사람과 그렇지 못한 사람이 있을 뿐이지요. 리더십의 부재를 고민하는 리더라면, 자신이 가진 상위 재능 TOP 5를 자세히 들여다보세요. 그리고 당신의 고민을 풀어낼 수 있는 상위 재능이 무엇인지 추려보세요.

마인드셋:
'나에게는 나만의 리더십 DNA가 있습니다'라는 말을 받아들이며 마음속으로 3번 따라해보세요.

> "나에게는 나만의 리더십 DNA가 있습니다."

Q1. 당신의 상위 재능 TOP 5 중 가장 자신 있게 활용할 수 있는 '업무의 순간 3'을 떠올리고 써보세요.

1. 나의 리더십은 _____ 할 때(일 때) 빛을 발합니다.

2. 나의 리더십은 _____ 할 때(일 때) 빛을 발합니다.

3. 나의 리더십은 _____ 할 때(일 때) 빛을 발합니다.

• 강점 트래킹 4 스퀘어(126쪽)를 참고해도 좋습니다.

Q2. 당신이 가장 염려하는 리더십의 순간이 있나요?
이 순간 당신과 팀원을 도울 수 있는 재능이 무엇인지 상위 재능 5가지 중에서 2가지를 골라 써보세요. 당신이 고른 2가지 재능이 어떻게 당신을 위기에서 구할 수 있을까요?

요즘 나에게 리더십이 가장 절실한 순간은

_____ 입니다.

그 순간 나를 도울 수 있는 상위 재능 2가지는

_____ , _____ 입니다.

내가 고른 2가지 상위 재능은 나를

_____ 하도록 도울 수 있습니다.

→ ←

강점으로
부르기

→ ←

"당신은 어떻게 불리며 살고 있나요?"

우리는 모두 이름을 가지고 있습니다. 때로 별명으로 불리거나, 속한 조직에서 받은 직책으로 불리는 상황도 있겠지요. 나를 부르는 호칭을 들을 때마다 마음이 설렐 수 있다면 얼마나 좋을까 하는 생각을 해봅니다. 당신이 마음에 쏙 드는 호칭을 가진 분이라면 당신은 참 복이 많은 사람입니다.

혹시 그렇지 않다면 추천하고 싶은 시도가 있습니다. 바로 '별칭 짓기'입니다.

당신의 마음에 꼭 들고, 들을 때마다 소개할 때마다 당신을 설레게 할 호칭을 직접 짓는 일입니다. 별칭은 별명과 다릅니다. 별명이 타인으로부터 지어진 호칭이라면, 별칭은 스스로 지어 자신에게 주는 선물 같은 호칭입니다. 별칭이 의미 있는 이유는 자신에 대한 성찰과 소망을 모두 담을 수 있기 때문입니다. 내가 바라는 삶의 모습과 나의 의지, 취향을 모두 반영할 수 있으니 들을 때마다 설렐 수 있습니다.

시대를 조금 거슬러 올라가면 별칭은 '호號'라고 불리기도 합니다. 동양 삼국三國인 중국, 한국, 일본에는 선비나 스님에게 호를 붙여 활용하는 문화가 있었습니다. 그들은 이름 대신에 호를 사용하여 사람에 대한 호칭으로 삼았습니다. 우리에게도 익숙한 선조인 '연암' 박지원 선생, '다산' 정약용 선생처럼 말이지요.

연암 박지원 선생의 호를 한번 들여다보겠습니다. 조선 시대 실학자이자 최고의 문장가인 그의 호는 연암입니다. 연

암의 한자는 '제비 연燕'에 '바위 암巖'을 씁니다. 연암은 황해
도 금천에 있는 골짜기 이름입니다. 박지원 선생이 근처 마
을 모여 살던 무렵, 벗들과 함께 개성과 평양 일대를 유람한
적이 있습니다. 당시 무관으로 이름을 떨친 백동수의 안내
로 연암골을 찾게 되었는데, 선생은 그곳이 무척 마음에 드
셨던 모양입니다. 속이 다 비칠 정도로 맑은 시냇물이 흐르
고, 위에는 검푸른 절벽이 병풍처럼 둘러서 있던 그곳. 그 가
운데 박지원 선생의 눈에 띄는 바위가 하나 있었습니다. 항
상 제비들이 둥지를 틀고 있다 하여 '연암'이란 이름이 붙은
바위. 언젠가 그곳에 내려가 살리라 마음을 먹은 선생은 그
때부터 자신의 호를 '연암'이라 했습니다.

박지원 선생을 잘 알지 못해도, 연암이라는 호에 담긴 의미
를 알고 나면 그의 취향과 그가 추구하려고 했던 삶에 대
해 이해할 수 있는 부분이 생깁니다. 연암이라는 호를 접
할 때마다 날렵한 몸으로 자유롭게 날아다니는 제비를 연
상할 수 있고, 한자리를 듬직하게 지키고 있는 바위를 연상
할 수도 있습니다. 더불어 그곳에 함께 있는 박지원 선생의
모습도 떠올릴 수 있으니 스스로 지은 호칭의 매력이 얼마

나 큰가요?

저에게도 아끼는 별칭이 있습니다. '어미 새'입니다. '어미 새'라는 저의 별칭은 두 가지 의미를 담고 있습니다. 하나는 저의 강점, 또 하나는 저의 소명입니다.

저는 소중한 사람들과 깊은 관계를 만들어가는 시도를 좋아합니다. 그리고 사람들의 탁월함이 무엇인지 발견하는 일을 좋아합니다. 하나 더, 개개인의 탁월함을 성취로 이어나가는 과정에 관심이 많습니다.

저의 이런 강점들을 연결해보면, 탁월함을 가지고 있으나 평가 절하된 사람들이 나다운 성취를 이루도록 도와주는 일에서 벅찬 감동을 느끼는 사람이 저라는 사실을 알 수 있습니다. 그래서 저는 어미 새입니다. 어미 새라고 하면 짠한 느낌이 든다고 하시는 분이 있지만 저를 아는 분들은 세상 어느 어미 새보다 씩씩하고 에너지 넘치는 어미 새가 바로 당신이라고 말합니다.

저는 어미 새라는 저의 별칭을 들을 때마다 설레고 뭉클합니다. 그래서 코칭으로, 강점으로 사람들을 만날 때 저는 자신의 강점을 기반으로 별칭을 짓는 일을 해보시라 제안합니다. 특히 청춘들을 만날 때면 자주 강점 별칭을 짓는 시간을 가집니다. 자신의 상위 재능을 만난 뒤 상위 재능을 재료로 별칭을 지어봅니다.

군 복무 중인 청춘들과 강점 코칭 시간을 가졌을 때입니다. 쑥스러워하는 얼굴로 입대한 지 80일이 되었다고 자신을 소개하는 이등병을 그룹 코칭에서 만났습니다. 이야기가 깊어지자, 그가 고백하더군요. 자신이 고등학생 시절 기능올림픽에서 금메달을 땄고 고등학교 졸업 후 대기업에 바로 입사했다는 사실을 털어놓고, 그 일을 그만두고 싶다고 했습니다. 많은 사람들이 부러워하는 대기업에 들어갔지만 전역하고 다시 회사로 돌아가는 일이 끔찍하다고 했습니다. '적성에 맞지 않는 일을 평생 해야 한다'라는 생각을 할 때마다 가슴이 답답하다고 하더군요.
그럴 때마다 정말 자신이 하고 싶은 무엇인지 알고 싶었다고 했습니다. 저는 질문을 해보았습니다.

"최 이병님, 힘드셨겠어요. 살맛 나는 순간도 있지요?"

"음…, 네, 있습니다."

"그때가 언제인가요?"

"음……. 입대 동기들이 저를 찾아와 진지하게 고민을 털어놓을 때 반가운 마음이 들어요. 제가 공감해주고 조언해주기를 바라는 친구들을 보면 뿌듯합니다."

"멋진 분을 제가 만났군요. 그런데 왜 친구들이, 동기들이 고민을 가지고 최 이병님을 찾아올까요?"

"음……. 잘 들어주니까요. 듣다보면 제 일처럼 마음이 아프기도 하고요. 차분하게 듣고 나서는 객관적으로 제 생각을 말해줍니다. 하지만 결정은 자신이 내려야 한다는 말도 꼭 해줍니다. 응원도 해주고요."

그리고 그룹 코칭에 참여했던 다른 장병에게 물어보았습니다.

"혹시, 이분에게 고민을 털어놓았던 분 계신가요?"

세 사람이 손을 들더군요. 그중 한 사람에게 물었습니다.

"왜 이분에게 고민을 털어놓으셨나요?"

"마음을 편하게 해주는 친구예요. 얼마 전에 억울한 일이
있어 저 친구에게 털어놓았는데, 제 마음을 이해하고 있다
는 생각이 들었어요. 입도 무겁고요. 제 하소연이 끝이 날
때를 차분히 기다렸다가 비타민 같은 말을 해주는 친구이
기도 합니다. 단순히 '괜찮아. 잘될 거야'처럼 벙벙한 말이
아니라, 따뜻하지만 객관적인 조언을 해주거든요. 그래서
저 친구를 찾아갑니다."

두 사람의 이야기를 듣고, 그룹 코칭에 참여했던 사람들과
함께 주인공에게 어울리는 별칭을 지어보았습니다. 물론 최
종 선택은 주인공의 몫이었죠. 이 친구에게 어떤 별칭이 생
겼을지 궁금한가요? 별칭 후보는 '무릎팍 도사', '미스터 카
운셀러' 등이 있었습니다. 그러나 본인이 최종적으로 선택
한 별칭은 '포청천'이었습니다. 본인의 삶에서 유난히 뿌듯
했던 순간을 기억해내고, 경청을 하되 균형 있는 조언을 해
줄 수 있는 재능을 앞으로 더 자주 펼치고 싶다는 소망을 담
은 별칭이기도 했지요.

또 한 젊은이는 '제리 맥과이어'라는 별칭을 지었습니다. 왜냐고요? 이 친구는 승부욕의 화신이었는데 '내 승부'보다 '우리 승부'에 더 관심이 많았습니다. 체력이라면 부대에서 몇 손가락 안에 꼽히는 이 친구는 소대 대항 족구대회에서 소대의 승리를 위해 아픈 몸을 이끌고 불꽃 투혼을 보여주었고, 소대는 결국 최종 우승팀이 되었습니다. '우리의 승리'를 위해서라면 휴가 일정까지 조정해가며 큰 역할을 해왔던 이력도 있더군요.

별칭은 개인이 아닌 팀도 만들 수 있습니다. 그룹코칭에 참여한 소대의 문화를 들여다보니 별칭의 힌트가 있더군요.

"우리 소대에는 진국들이 많습니다. 한번 인간관계를 맺으면 진중하고 깊게 관계를 맺으려는 선배들이 대대로 많았고, 지금도 문화 자체가 끈끈해요. 깊이 있는 인간관계의 소대를 지향하고 있습니다."

이 팀에게는 어떤 별칭이 어울릴까요? 한번 생각해봐도 좋겠지요. 자신의 강점과 정체성을 담은 별칭을 가지면 자신뿐 아니라 자신의 팀에게도 유익합니다. 처음 만난 사람들에게 자신의 정체성을 담은 명쾌한 자신의 단어를 전해줄 수 있으니까요. 의미 있고 함축적인 단어로 자신을 소개할 수 있다면 사람들과의 만남에서 오는 오해, 협업에서 오는 오해는 작아지고, 이해는 커질 수 있습니다. 누군가가 혼자 있는 시간을 좋아하고, 사색을 즐기는 사람이라는 사실을 별칭을 통해 미리 알 수 있다면 애써 그 사람이 혼자 있는 시간에 말을 걸고 북적북적한 자리로 데리고 나오려는 불필요한 노력을 하지 않아도 되니까요.

어떠세요? 당신을 설레게 하는 호칭을 만들고 싶은 마음이 생겼나요? 그렇다면 이번 기회에 자신만의 별칭을 만들어 보세요. 당신의 강점과 당신이 삶을 대하는 태도를 담은 별칭이라면 당신다운 삶을 누구보다 자주 도울 수 있답니다.

나의 강점 별칭은 무엇인가요?

누군가가 지어준 이름이나 별명 대신 나의 재능을 담아 스스로 지은 이름이나 별칭을 자신에게 선물해보세요.

Q. 당신의 상위 재능 5단어를 활용해서 당신을 설명하는 문장을 만들어보세요. 어떤 문장으로 빛나는 당신을 표현할 수 있을까요?

(예시) 저는 성취 욕구가 강한 사람입니다. 저는 사람들과 깊은 관계를 맺고 관계를 넓히는 일 모두에 관심이 있습니다. 저는 생생하고 재미나게 이야기하는 재능을 가지고 있으며, 의사결정을 할 때 마음에서 또렷한 의견이 솟아나오는 경향이 있습니다.

나의 상위 재능 5가지 단어를 통해 나를 소개하는 문장 만들기

_____

_____

_____

_____

_____

_____

Q. 당신을 상위 재능으로 소개하는 문장을 보며 떠오르는 별칭이 있다면 무엇인가요? 확정하기 전에 자유롭게 후보 단어들을 써보세요.

_____

_____

_____

TIP.

당신의 재능이 극대화되었을 때 떠오르는 이미지를 역사 속 인물이나 영화나 드라마에 등장하는 캐릭터와 연결해도 좋습니다. 당신의 재능을 시각적으로 드러낼 수 있는 동물이나 사물도 좋으니 천천히 떠올려보세요.

처음부터 완벽하게, 마음에 꼭 드는 별칭을 지을 수 없더라도 실망하지 마세요. 당신에게 어울리고 힘을 주는 별칭을 짓겠다는 마음이 있다면 강점 별칭은 어느 날인가 자연스럽게 당신을 찾아올 테니까요.

약점
고백하기

경제에도 팽창과 수축이 있습니다. 팽창은 에너지가 증가하고, 활발하게 움직이며, 차지하는 공간이 넓어지는 현상이지요. 반면 수축은 에너지가 줄어들고, 움직임이 적어지며, 오그라드는 현상입니다. 요즘 대한민국의 경제 상황은 팽창보다는 수축이라고 느껴집니다. 그럼에도 행복하게 살고 싶은 우리의 마음은 여전하지요. 그렇다면 수축 사회에서 행복하게 살기 위해서 우리에게는 어떤 지혜가 필요할까요?

수축 경제에서 행복을 추구하기 위한 전략은 팽창 경제에서의 전략과 달라야 합니다. 다른 전략을 떠올려보기 위해 기업과, 개인의 행복하고자 하는 욕구가 만나는 지점을 한번 들어야 볼까요? 개인과 기업의 목표가 만나는 지점 중 하나는 채용입니다. 수축된 경기 속에서도 생존하고 성장하기 위해 기업은 채용 과정을 완전히 바꾸고 있습니다.

'블라인드 면접'에 대해 들어보셨는지요? 블라인드 면접이란 면접관의 선입견을 없애기 위해 지원자의 스펙을 감추고 시행되는 면접을 말합니다. 채용 전문가들이 입사 지원자들의 출신 대학이나 전공 등 일체의 이력 사항을 모르는 상태로 지원자를 만나는 일입니다. 블라인드 면접에는 면접자가 선입견을 없애고 수축 사회에서도 성과를 낼 수 진짜 인재를 찾겠다는 기업의 각오가 담겨 있습니다.
블라인드 면접에 등장하는 질문은 이전의 채용 과정과 다릅니다. 기업은 요즘 채용의 관문 앞에 선 지원자들에게 상향 평준화된 스펙 대신 '개인의 진짜 경험'을 묻고 있습니다. 기업은 입사 지원자들이 어떤 학교를 나왔는지, 어떤 자격증을 가졌는지 더 이상 궁금해하지 않습니다. 명문 대학을 나왔다는 이유로, 영어 점수가 좋다는 이유로, 자격증이 많다는 이유로 선발했던 사람들이 입사 후 기업에서 제 역할을 못 하고 있다는 반성과 후회가 반영된 셈이지요.

블라인드 면접에서 자신의 탁월한 면을 보여주기 위해서는 진짜 대화를 준비해야 합니다. 진짜 대화란 가식과 포장을 걷어내고 자신을 있는 그대로 보여주는 대화입니다. 나의 강점뿐 아니라 약점에 대한 이야기도 있는 그대로 전할 수 있어야 합니다.

누군가에게 약점을 고백하는 일이 처음엔 어려울 수 있습니다. 그러나 약점을 고백해본 사람은 약점을 있는 그대로 공개하는 일만으로도 삶이 충만해지고, 가벼워진다는 사실을 알 수 있습니다. 약점을 감추기 위해 쓰였던 에너지가 자신의 삶을 더 풍요롭게 하는 일에 쓰일 수 있고, 나의 강점과 약점을 함께 접한 상대방과 짧은 시간 협업 후에도 각별한 파트너가 되는 경험을 할 수 있기 때문입니다.

면접에서 자신을 '못 하는 게 없는 팔방미인'으로 소개하는 사람은 스스로 평범한 사람으로 인정하는 것과 같습니다. '자칭 만능'은 자신에 대한 성찰이 부족한 사람이기 쉽고, 자신의 진짜 탁월함이 무엇인지 모르는 사람이기 쉽습니다. 또한 '자칭 만능'은 자신에게 필요한 진짜 파트너가 누구인지 모를 가능성이 큽니다. 각자의 강점으로 서로 돕고 각자의 강점으로 서로 약점을 메워주는 진짜 협업을 할 기회가 없었기 때문입니다.

이 시대가 원하는 인재는 나 홀로 완벽하고 잘난 사람이 아닙니다. 그런 나홀로 인재들이 협업과 창의력을 발휘해야 할 순간에 실망스러운 모습을 보여주었기 때문에 기업이 블라인드 면접이라는 새로운 관문을 만들었다는 사실을 기억해야 합니다.

그렇다고 약점을 무작정 자랑처럼 말한다면 오해가 생길 수 있습니다. 채용처럼 자신의 진면목을 보여줘야 하는 순간에 자신의 약점을 함께 드러내야 한다면 아래의 순서를 따르는 것이 좋습니다.

진짜 대화 방식으로 자신을 소개하는 방법

1단계: 조직의 고민이 무엇인지, 조직이 원하는 인재상이 무엇인지 파악하고 이해합니다.

2단계: 조직의 고민과 인재상과 연결되는 '나의 강점'을 소개합니다. 이때 자신의 강점을 뒷받침해주는 인상적인 사례가 있다면 함께 구체적으로 전하는 것이 좋습니다.

3단계: 약점에 대한 질문이 나오면, 자신의 약점을 솔직하게 인정하고, 나의 약점을 보완하기 위해 적용하고 있는 축적된 지혜를 소개합니다. 이때 '나만의 지혜'와 '파트너와 함께 발휘했던 지혜'를 구분해서 전하는 것이 좋습니다.

시대의 베스트셀러 《모리와 함께한 화요일》에는 모리 슈워츠 교수가 등장합니다. 그리고 모리 교수가 제자에게 삶의 가장 큰 지혜를 들려주는 장면이 나옵니다.

"아기 때는 살아남으려면 다른 사람이 필요하지. 나이 들어 죽어갈 때도 목숨을 부지하기 위해서는 다른 사람이 필요해. 하지만 비밀이 있다네. 사실 그렇지 않을 때도 우리에게는 늘 많은 사람이 필요하다네."

모리 교수는 우리가 본질적으로 다른 사람들의 도움을 필요로 하는 존재라는 사실을 강조합니다. 그리고 그 사실을 평온하고 우아하게 수용하는 것이 중요하다는 점도 잊지 않습니다. 인간의 삶에서 진정한 기품은 자신에게 약점이 있다는 사실과 상대방에게도 약점이 있다는 사실을 솔직하게 받아들일 때 비로소 완성됩니다.

약점, 이제는 숨기지 말고 솔직하게 고백하세요. 그리고 애타게 파트너를 찾는 상대에게 먼저 이야기해보세요.
"염려 마, 나에게도 약점이 있어. 우리 서로의 어깨를 좀 빌리면 어떨까?"라고 말이지요.

←⋯ 강점 솔루션 5단계 ⋯→
나의 약점을 채워줄 수 있는 파트너는 누구일까요?

약점이 있다는 사실은 부끄러운 일이 아니라 당연한 일입니다. 완벽한 척하거나, 약점을 숨기려 애쓰는 대신 당신의 약점을 채워줄 수 있는 멋진 파트너를 찾아보세요.

Q1. 당신이 완벽하지 않다는 사실을 알고도 당신을 사랑하고 지지해주는 사람, 당신의 약점을 자신의 결정으로 채워줄 수 있는 파트너가 있다면 누구인가요?

1. 나의 약점 _____을(를) 채워줄 파트너는 _____입니다.

2. 나의 약점 _____을(를) 채워줄 파트너는 _____입니다.

3. 나의 약점 _____을(를) 채워줄 파트너는 _____입니다.

Q2. 아직 당신의 약점을 채워줄 멋진 파트너를 찾지 못했다면, 당신에게는 어떤 시도가 필요할까요?

1. 멋진 파트너를 만나기 위해 나는 _____을(를) 해보려 합니다.

2. 멋진 파트너를 만나기 위해 나는 _____을(를) 해보려 합니다.

3. 멋진 파트너를 만나기 위해 나는 _____을(를) 해보려 합니다.

강약
조절하기

프로의 무대란 엄격한 기준을 통과한 사람들이 있는 곳입니다. 프로야구도 마찬가지입니다. 아마추어 시절을 거쳐 여러 번 검증된 선수들이 모인 곳이 프로야구 무대입니다. 프로야구 무대에서 투수의 자질을 평가할 때 가장 먼저 들이대는 잣대는 던지는 공의 속도, 구속球速입니다. 야구 팬도, 야구 전문가도, 투수의 자질을 논할 때에는 구속을 이야기합니다. 프로야구 무대에서 상위권에 랭크된 투수라면 평균 140킬로미터 이상의 구속을 유지해야 한다는 것이 불문율로 여겨집니다.

그러나 모든 법칙에는 예외가 있습니다. 100년이 넘는 한국 야구 역사에서 투수의 실력과 구속을 연결하는 법칙을 깬 선수가 있습니다. 투수의 자리에서 느림의 미학을 보여주는 저속 투수 유희관 선수가 주인공입니다. 2015년 그는 한국 프로야구 투수 분야 선두에 섰습니다. 강속구 없이도 최정상에 선 투수, 유희관 선수의 비결이 궁금하지 않은가요?

유희관 선수가 저속低速 투수이면서 정상급의 실력을 가질 수 있었던 첫 번째 이유로, 전문가들은 먼저 제구력을 꼽습니다. 유희관 선수의 강점은 빠른 공을 던지는 것이 아니라, 정확한 공을 던지는 데 있습니다. 원하는 코스로, 원하는 목적지로 공을 정확하게 던질 수 있다면 공의 속도는 중요하지 않다는 새로운 사실을 입증해냈습니다. 유희관 선수는 제구력으로 타자의 발을 묶어둘 수 있었고, 전에 없던 방식으로 정상에 올랐습니다.

유희관 선수도 처음에는 빠른 공을 동경했습니다. 투수로 정상에 오를 수 있는 유일한 길이라고 믿었기 때문입니다. 그러나 공의 속도를 높이기 위해 투자했던 많은 시간과 노력이 성과로 연결되지 않는다는 사실을 인정해야만 했습니다. 현실을 받아들인 그는 전에 없던 길을 만들기 위한 외로운 여정을 떠났습니다. 두려웠지만 자신의 길을 찾기 위해 용기를 냈습니다.

그는 아무리 애써도 늘지 않는 구속에 대한 미련을 버리고 제구력을 키우기로 마음을 먹었습니다. 마음을 바꾼 뒤에는 자신만의 연습법을 고민했습니다. 그렇게 만들어진 연습법이 바로 캐치볼 연습법입니다. 공을 받아주는 선수의 글러브 위치를 좌로 우로 높게 낮게 자주 움직이게 했고, 수시로 달라지는 글러브 위치로 정확히 공을 보내기 위해 애를 썼습니다.

성과가 있었습니다. 구속을 높이기 위해 노력할 때보다 가파르게 성장했고, 신이 났습니다. 모두가 말하는 옳은 길 대신 자신의 경험과 직관을 의지하고 출발한 새로운 길 위에서, 유희관 선수는 자신만의 성취 방정식을 찾았습니다. 빠른 공보다 정확한 공, 예상 가능한 빠른 공보다 예상할 수 없이 느린 공이 자신에게 맞는 성취 방정식이었습니다.

이 대목에서 궁금해집니다. 저속 투수라면 최저 구속은 어디까지 가능할까요? 유희관 선수는 74킬로미터라고 대답합니다. 다른 선수들이 빠른 공, 더 빠른 공을 위해 달려갈 때 유희관 선수는 느린 공, 확실히 느린 공을 함께 구사하며 완급을 조절했습니다. 정확하고 느리게, 타자의 타격 타이밍을 흔들었습니다.

투수의 구속처럼, 우리가 가진 재능에도 속도가 있습니다. 우리 안에 있는 재주와 능력 중에서 가장 빠른 속도를 가진 그룹이 바로 재능이기 때문에 재능을 활용해서 목표를 성취하고자 한다면 재능을 키우는 일 만큼 재능을 제어하는 일도 중요합니다.

통제되지 않고 마구 솟구치는 재능이 과연 축복일까요? 예를 들어보겠습니다. 집 주변에서 온천이 발견되었는데 개발되지도 않은 채 방치되고 있다면 어떨까요? 지나가던 사람, 너와 나의 소중한 사람들이 다칠 수 있습니다. 개발도 제어도 되지 않은 재능은 재앙입니다. 언제 어느 때에 불쑥 나타나서 주인의 발목을 걸어 넘어뜨릴지 모르는 재앙입니다.

재능을 재앙이 아닌 축복으로 만들고 싶다면, 내 안에서 힘차게 솟구치는 힘, 재능을 발견하고 활용하려는 시도와 그 재능의 완급을 조절하기 위한 시도를 함께 계획하십시오. 만약 당신이 책임이라는 재능을 가지고 있다면, 책임이라는 재능을 발전시키기 위한 계획과 더불어 마구 책임지려는 마음 때문에 진짜 책임져야 할 일을 놓치지 않도록 재능을 제어해야 합니다.

처음부터 완벽하긴 힘들지만, 수월하게 시도해보는 지혜가 있습니다. 재능의 이름 앞에 '지금'과 '진짜'라는 단어를 붙여보는 일입니다.

예를 들면 책임감이 강한 사람이 스스로에게 "나에게 지금 필요한 진짜 책임이란 뭘까?" 하고 물어보면 됩니다. 모든 것을 책임지겠다고 나서는 행동 때문에 자신이 진짜 책임져야 할 중요한 일과 사람들이 방치되어 있지 않은지 물어보는 질문이겠지요.

만약 화합이라는 재능을 가진 사람이라면 "나에게 지금 필요한 진짜 화합이란 뭘까?"라고 자신에게 물어봅니다. 한 사람과의 모든 순간, 혹은 같은 시기의 많은 사람과 화합하기 위해 길게 보았을 때 꼭 겪고 지나가야 할 갈등을 피하고만 있지는 않은지 물어보는 질문입니다.

때로 재능 덕분에 삶이 순항하지만, 때로 재능 때문에 물에 빠질 수 있습니다. 그럴 때는 재능을 제어할 방법이 무엇인지 떠올려보세요. '당신에게 지금', '당신에게 진짜' 필요한 재능의 강도와 속도는 어느 정도인지 알 수 있다면 당신의 재능은 더 힘차게 당신을 도울 수 있습니다.

나의 재능이 발현되는 최상의 상태는 무엇일까요?

틈만 나면 솟구치는 당신의 재능. 그 재능을 다룰 수 없다면 재능은 축복이 아니라 재앙일 수 있습니다. 때로는 강하게, 때로는 덜 강하게, 때로는 열정으로, 때로는 여유로 재능을 도와주세요.

Q1. 불쑥불쑥 튀어나와 당신의 삶을 방해하는 재능이 있나요? 있다면 무엇인가요?

1. 강약 조절이 안 되어 나를 힘들게 하는 재능은 ＿＿＿＿＿＿＿＿＿입니다.

2. 강약 조절이 안 되어 나를 힘들게 하는 재능은 ＿＿＿＿＿＿＿＿＿입니다.

Q2. 제어되지 않아 당신의 삶을 방해하는 당신의 재능의 반대되는 단어가 있다면 무엇인가요?

(예시) 협의→갈등, 인맥→거리 두기, 책임→거절

1. 재능 (   ) → 반대 단어 (   )

2. 재능 (   ) → 반대 단어 (   )

Q3. 재능을 제어하기 위해 '지금', '진짜'라는 두 단어를 넣어 당신에게 필요한 재능을 다시 정의해보세요.

1. 지금 나에게 필요한 진짜 —————————————————— 이란

—————————————————————————————— 입니다.

2. 지금 나에게 필요한 진짜 —————————————————— 이란

—————————————————————————————— 입니다.

강점
보호하기

누구에게나 초보 시절이 있지요. 모든 운전자에게도 초보 시절이 있습니다. 운전 초보 시절, 저는 주차에 자신이 없었습니다. 특히 측면 주차가 힘들더군요. 어느 날 마감 시간이 촉박한 일을 마무리하려고 커피숍을 찾았는데 딱 한 자리 남아 있는 커피숍의 주차공간에 차를 넣으려다 범퍼에 깊은 상처를 낸 기억이 납니다.

상황을 극복하기 위해 남편에게 조언을 구하기도 하고, 베테랑 운전자들의 운전 동영상을 찾아보며 연습을 해보기도 했지만 측면 주차가 익숙해질 때까지 제법 많은 시간이 걸렸던 기억이 납니다.

그때부터 저에게는 습관이 하나 생겼습니다. 택시를 탈 일이 있으면 기사님들에게 질문을 하는 습관입니다. 운전 베테랑들의 노하우를 빨리 배우고 싶었습니다.

"기사님, 운전 잘하시네요. 기사님만 알고 있는 운전 노하우가 있으면 좀 알려주세요. 제가 초보라 모르는 게 많네요……."

궁금한 눈으로, 자신의 전문 분야에 대해 물어주는 사람을 만나는 일은 참으로 반가운 순간인 듯싶습니다. 과묵한 표정을 하고 있던 기사님들도 이 질문을 받으면 열이면 열, 신나게 대답을 해주시더군요.
그러던, 어느 날 한 기사님께 '터널을 통과할 때 주의해야 할 일'에 대해 듣게 되었습니다.

"운전자들이 오해하는 곳이 있어요. 특히 터널."

"아, 터널이요. 어떤 오해를 하나요?"

"터널 안에서야 다 조심을 하지요. 차선도 덜 바꾸고, 속도도 덜 올리고 말이지."

"그렇죠. 경고음이 나오기도 하고, 조심하라는 문구가 쓰인 표지판도 많으니까요. 그런데요?"

"아니, 터널 안보다 더 위험한 지점이 있다는 걸 사람들이 몰라요. 사실 터널 안보다 위험한 곳은 터널을 막 벗어나는 지점이거든. 이걸 모르는 운전자들은 터널 말미에서 터널을 벗어났다는 마음에 그냥 막 속도를 내고 달려요. 그러다 큰일이 나는 줄도 모르고……."

"아, 그렇군요. 그런데 왜 터널을 막 벗어나는 부분이 더 위험한가요?"

"터널 끝부분부터 갑자기 도로 표면이 달라져요. 거기 큰 위험이 숨어 있어. 비 올 때는 물웅덩이, 추워질 때는 살얼음, 눈이라도 오는 날은 제대로 된 빙판이 떡하니 자리를 잡고 있는 곳이 바로 거기예요."

그랬습니다. 기사님이 들려주신 '터널에 대한 조언'을 듣고 보니, 이야기는 단순히 운전에 대한 조언이 아니라 삶에 대한 조언이기도 했습니다. 우리의 삶에도 터널이 있으니까요. 터널은 끝과 시작이 공존하는 공간입니다. 학교에서 일터로, 일터에서 새로운 일터로 옮겨가는 사람들은 모두 터널을 지나는 셈입니다.

생각해보면, 기존의 환경을 지나 새로운 환경으로 진입할 때, 우리는 흔히 평소보다 더 큰 열정과 에너지로 달리려고 애씁니다. 새로운 시작이니 액셀러레이터를 밟아야 한다고 생각하지요. 그러나 터널이 끝나는 지점, 새로운 환경이 열리는 지점은 오히려 가속보다 감속이 필요한 지점이기도 합니다.

삶의 터널을 지날 때 우리에게 필요한 지혜는 가속이 아니라 감속입니다. 확연히 달라질 바깥 환경을 예의 주시하며 기존 속도보다 천천히 통과해야 하는 것이지요. 그래야 달라진 환경을 자세히 볼 수 있고, 그래야 이미 자리 잡고 있는 사람들을 제대로 볼 수 있으니까요.

터널이 끝나는 지점에서 들끓는 열정으로 속도를 높이면 불상사가 생깁니다. 가장 큰 불상사가 사람 간의 오해입니다.

일로 처음 만난 사이는 오해가 생기기 쉽습니다. 예를 들어 볼까요?

이제 막 입사한 팀원이 여기저기서 손을 듭니다.

"제가 하겠습니다. 제가 잘할 수 있습니다. 저요, 저요!"

이를 바라보는 주변 사람들의 시선은 어떨까요? 만약 심사 숙고를 중요하게 생각하는 상사가 그를 바라본다면 주인공의 열정은 의욕만 앞서는 모습으로 비춰질 수 있습니다. 조화를 중요하게 생각하게 생각하는 사람에게는 튀려는 사람으로 보일 수 있고, 체계를 중요하게 생각하는 사람에게는 아슬아슬한 사람으로 해석될 수도 있습니다. 배움을 중요하게 생각하는 사람에게는 교만한 사람으로 보일 수도 있겠지요.

여기서 하고 싶은 말은 상대방의 해석을 염려해 자신의 재능을 숨기라는 말이 아닙니다. 나의 재능이 초반의 오해 때문에 제대로 발휘될 기회를 놓치는 일을 예방하자는 말입니다. 나를 오래 지켜본 사람과 나를 처음 대하는 사람이 나의 재능을 보는 시선은 분명 다릅니다. 그래서 터널이 끝나는 지점에서는 가속보다 감속이 중요합니다.

당신이 지금 터널을 지나 새로운 환경을 만나게 될 때라면 조금 여유를 가지고 주변을 관찰해보세요. 성급한 열정 대신 여유를 가졌을 때 당신과 당신의 재능이 오해 대신 지지를 받고, 진가를 발휘할 수 있다는 사실을 기억하세요.

새로운 환경에서 만난 사람들은
어떤 재능을 가지고 있나요?

재능은 틈만 나면 내면에서 솟구치는 힘이지요. 당신이 재능을 이해하고 컨트롤하는 일을 중요하게 생각하지 않는다면 당신의 재능은 당신을 돕기 전에 당신을 넘어뜨릴 수 있답니다.

Q1. 새로운 환경에 놓인 당신에게 묻습니다. 새로운 환경 속에서 당신에게 가장 중요한 의미가 있는 세 사람은 누구인가요? 세 사람은 당신에게 어떤 영향을 미치나요?

_____

_____

_____

Q2. 당신에게 의미있는 세 사람의 행동을 관찰하고 메모해보세요. 그들은 어떤 재능을 가지고 있다고 보이나요? (합리적인 추론)

_____

_____

_____

Q3. 당신에게 의미 있는 세 사람은 당신의 재능을 어떻게 해석하나요?

_____

_____

_____

Q4. 오해를 줄이기 위해 당신이 제어해야 할 재능이 있다면 무엇인가요?

_____

_____

_____

강점으로
정리하기

〈설레지 않으면 버려라〉를 아시나요? 넷플릭스가 만든 리얼리티 TV 프로그램입니다. 프로그램에는 '정리 여왕'으로 불리는 일본인, 곤도 마리에가 등장합니다. 그녀의 역할은 미국인 가정을 방문해서 정리를 도와주는 일입니다. 그녀는 이 프로그램을 통해 미국에서 돌풍을 일으켰습니다.

그녀의 역할은 안 쓰는 물건을 치우는 일에 그치지 않습니다. 정리를 통해 사람들의 삶의 질을 높여주고 일상의 중심을 다시 세워주는 역할을 해냅니다. 그녀와 함께 정리를 해본 고객들은 물건을 정리하는 과정에서 자신에게 무엇이 필요하고 무엇이 필요하지 않은지 알게 됩니다. 또한 지금 자신이 해야 할 일과 그만두어야 할 일도 알게 된다고 말합니다.

또한, 사람들은 물건에 묻어 있는 과거와 마주하면서 인생의 질문을 마주하는 경험을 합니다. 그녀가 고객에게 주는 가장 유익한 경험이 바로 이 지점입니다.
"이 물건을 정리해야 할까?"라는 질문은 "이 물건과 연결된 일상이 나에게 얼마나 중요한가?"라는 물음이기도 하니까요.
그럴 때 곤도 마리에가 제시하는 기준은 단 하나입니다. '여전히 이 물건은 당신에게 설렘을 주는가?'라는 질문입니다. 이 질문에 'Yes'라는 답이 나오지 않는다면 그 물건은 버려야 할 물건입니다. 옷을 정리할 때도 '입을 만한가?'라는 질문 대신에 '이 옷이 여전히 나를 설레게 하는가?'라고 묻고, 책을 정리할 때도 '이 책이 나를 설레게 하는가?'라는 질문을 던집니다. 이 질문을 통해 우리는 더욱 과감해질 수 있습니다. 우리를 설레게 하는 물건은 생각보다 많지 않기 때문입니다.

아직 버릴 수 없는 물건이 많다고 느껴진다면 '설렘'을 화두로 당신 스스로에게 질문을 던져보세요.

'이 물건이 나를 여전히 설레게 하는가?'

설렘이라는 화두로 진행되는 정리 작업은 당신의 진짜 현재와 미래를 마주하는 일입니다. 과거의 자신을 정리하고 현재의 자신을 제대로 인정해주는 행위이기도 합니다. 당신의 삶이 뒤죽박죽일 때, 지금처럼 살고 싶지 않지만 어떻게 살아가고 싶은지 떠오르지 않을 때 당신의 물건을 먼저 정리해보세요.

물건을 정리한 후에는 당신의 손길과 마음이 향하고 있는 과제를 바라보아도 좋습니다. 물건을 정리한 뒤에는 이전에 막막하게 느껴졌던 과제 정리하기가 가능해질 수 있습니다.

지금 당신의 일상을 채우고 있는 일을 차분히 떠올려보며 그 일들을 나누어보세요. 말도 안 되지만 하고 있는 일, 참고만 있는 일, 짜증이 나는 일 대신에 하고 싶지만 망설이고 있는 일이 있는지 떠올려보세요.

당신의 재능이 삶에서 탁월한 작품을 만들 기회는 그렇게 시작됩니다. 빠르지 않아도 좋습니다. 설레는 일을 추리고, 당신 일상의 우선 순위로 꾸준히 조금씩 옮겨간다면 당신도 정리의 여왕이 될 수 있습니다.

당신의 삶을 당신의 마음이 향하는 대로 정리해가는 삶, 멋지지 않나요? 잊지 마세요. 당신에게 필요한 지혜는 '선택과 집중'이 아니라 '선택 후 집중'입니다.

당신을 설레게 하는 물건과 일상, 목표는 무엇인가요?

우리가 흔히 강조하는 '선택과 집중'은 사실 '선택 후 집중'으로 해석해야 합니다. 집중은 에너지를 모으는 일이고, 에너지를 모으기 위해서는 에너지가 흩어지는 일을 막는 데서 시작되니까요.

Q1. 시간을 내어 당신을 더 이상 설레게 하지 않는 물건을 정리해보세요. 가장 빠른 시간을 정해 일정표에 넣어보세요. 언제 정리를 단행하실 건가요?

Q2. 정리 후, 남은 물건을 보며 생각해보세요. 당신을 가장 설레게 하는 물건 3가지는 무엇인가요?

Q3. 당신을 가장 설레게 하는 물건과 연결된 당신 삶의 목표는 무엇인가요?

강점으로
프레임 바꾸기

세계에서 가장 유명한 혀 사진을 아시나요? 짓궂은 표정으로 혀를 내밀며 기자의 사진 촬영에 응하는 노벨상 수상자, 사진의 주인공은 세기의 물리학자 알베르트 아인슈타인^{Albert Einstein}입니다. 자신의 모습을 사진에 담기 위해 장소와 시간을 가리지 않고 끈질기게 추격하는 기자들을 향해 그는 특별한 표정을 보여주었습니다.

그가 죽기 4년 전인 1951년 3월, 미국 통신사 UPI^{United Press}

International의 한 사진기자가 포착한 이 표정은 당시 주요 신문 1면을 모두 장식할 정도로 파격적이었습니다. 약 70년이 지난 지금까지도 세계 각국 예술가들에 의해 생활 속 팝아트로 재현되고 있는 오브제이기도 합니다. 우리에게 던지는 의미가 커서 생명력이 긴 사진입니다.

이 사진은 단독으로 소개되기도 하지만, 자주 '미친 짓'이라는 주제의 문장과 함께 등장합니다. '미친 짓'은 영어로 Insanity로 표현될 수 있고, Insanity를 정의한 아인슈타인의 메시지가 있기 때문입니다. 아인슈타인은 '미친 짓'의 정의를 이렇게 내렸습니다.

Insanity : Doing the same thing over and over again expecting different result.
미친 짓이란, 똑같은 행동을 반복하면서 다른 결과를 기대하는 일이다.

이 말은 '다른 결과를 원한다면 행동이 변해야 한다'라는 뜻입니다. 같은 행동을 반복하면서 다른 결과를 바라거나,

계속 같은 행동을 하면서 맞이한 결과가 같다고 불평을 가지는 일이 부질없다 못해 미친 짓이라고 그는 말하고 있습니다.

더 좋은 결과, 더 멋진 성취를 원하는 인간의 자연스러운 기대가 있다 해도, 지금까지 해왔던 행동 방식을 바꾸기란 어렵습니다. 이제껏 고수했던 행동 방식은 자신의 생존 전략이기도 하고, 몸에 배어 인식하지 못할 정도로 자연스러워진 태도와 행동이기 때문입니다. 그래서 변화와 혁신이라는 단어 앞에는 자주 '뼈를 깎는 고통'이라는 말이 붙습니다.

그러나 그 고통을 감수해야 할 때가 있습니다. 살아왔던 방식으로는 더 이상 생존과 성장이 어려울 때입니다. 그때, 당신은 어떤 지혜를 발휘할 수 있을까요?

비슷한 상황에 놓인 영업사원이 있었습니다. 자신의 무대에서 인정받는 베테랑이었던 영업사원은 어느 때부터 자신의 무대가 좁게 느껴졌습니다. 더 큰 무대에서 새로운 무대에서 도전해보고 싶다는 생각에 그는 용기를 냈습니다. 다른 분야로 이직을 한 것입니다. 그를 관심 있게 지켜보던 CEO가 있었고, 특별한 조건으로 그를 스카우트했습니다. 이제 그는 새로운 무대에서 자신을 검증해보여야 했지만 각오와 현실은 달랐습니다. 그의 사연을 들어볼까요?

"저는 10년 경력의 영업맨입니다. 다니던 회사에서 지속적으로 큰 성과를 냈었죠. 회사는 물론 업계에서도 제 실적은 입소문이 났습니다. 지금의 무대가 좁다고 느껴지기 시작했고, 높은 몸값을 제의해준 지금의 대표님을 만났습니다.

그렇게 이직을 했습니다. 공격적으로 사업을 키우고 싶었던 대표님은 제가 입사한 다음 날부터 새로운 고객 발굴에 대해 강조했습니다. 강력하게 요구했습니다. 기존 고객을 잘 관리하고 입소문으로 영업을 해왔던 저에게 신규 고객을 빠른 속도로 발굴해내는 일은 심적으로 부담이 컸습니다.

저 자신에게 실망하고 싶지 않은데, 저다운 방식을 유지하면서 새로운 무대에서도 성과를 낼 수 있는 지혜가 있을까요?"

벅차지만 피할 수 없는 도전 과제를 만났을 때 가장 먼저 만나야 할 사람, 자신입니다. 두려운 벽을 만났을 때 지혜로운 사람들은 자기성찰을 시작합니다. 성찰은 질문에서 시작됩니다.

저는 김 과장님께 질문을 드렸습니다.

> "나다운 방식으로, 새로운 무대에서 빛날 수 있는 방법은 무엇일까?"

시선은 상황을 바라보는 프레임입니다. 시선을 바꾸는 일은 같은 사람이 같은 상황을 다르게 바라보는 일입니다. 주인공과 상황이 달라지지 않아도 해석이 달라지면 없던 답이 생기기 때문입니다.

김 과장님은 자신 앞에 나타난 거대한 벽을 다시 바라보기로 합니다. 자신을 당황하게 했던 영업 상황인 조찬 세미나를 떠올려 봅니다. 처음 보는 많은 사람과의 네트워크. 김 과장님은 새로운 프레임을 타고난 재능으로 마련합니다. 경쟁, 김 과장님은 경쟁에서 이기려는 마음이 큰 사람입니다. 평소

에는 수줍음이 있고, 말수가 적은 사람이지만 경쟁과 승리가
필요한 경기장에서는 그는 달라집니다. 김 과장님처럼 자신
의 재능을 활용해서 상황을 바라보는 새로운 프레임을 만들
어보면 답이 없던 경기가 해볼 만한 경기가 됩니다.

처음 보는 사람들이 가득한 공간을 카레이싱 경기장이라고
생각해봅니다. 카레이싱 경기장에서 낯가림이 있는 게 무슨
흠이 되나요? 경쟁 앞에서는 저돌적으로 변하는 김 과장님,
이제 상대는 '처음 보는 사람'이 아니라 '내가 반드시 이겨
야 할 경쟁자'가 됩니다. 시선이 바뀌니 염려가 의욕으로 바
뀝니다. 염려가 두근거림으로 바뀝니다. 주인공의 행동에도
자신감과 자연스러움이 생겨납니다. 다른 영업자들과의 경
쟁, 자신을 믿는 대표와의 경쟁이라는 시선을 더한다면 또
어떨까요?

나를 통째로 바꾸고 싶은 낯선 순간을 만난다면 시선을 바꾸
시길 권합니다. 프레임을 바꾸시길 권합니다. 프레임을 바꾸
기 위해 당신이 쓸 수 있는 자원은 바로 당신의 재능입니다.
골라보세요. 당신의 재능 중에서 지금 염려되는 이 상황을

두근거리는 기회로 바꾸어줄 재능이 있나요? 고를 수 있다면 위기에 처한 당신을 도와줄 수 있습니다. 누구보다 먼저, 누구보다 든든하게!

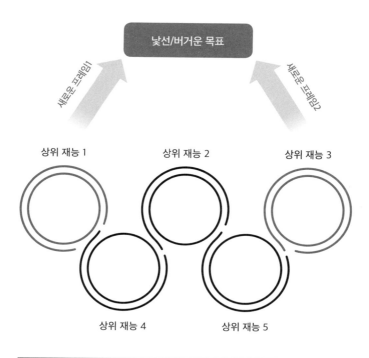

그림 11 재능으로 프레임 바꾸기

당신의 삶에서 낯설고 버거운 도전 과제를 만났을 때 당신이 상위 재능 5가지 중 꺼내어 쓸 수 있는 2가지가 무엇인지 생각해보세요. 2개의 재능을 활용할 수 있는 방법도 함께 떠올려보세요.

··· 강점 솔루션 9단계 ···

낯선 시도에서 당신을 돕는 프레임은 무엇인가요?

당신이 만난 버거운 상황을 피할 수도, 바꿀 수도 없을 때 당신을 돕는 프레임으로 상황을 다르게 바라볼 수 있습니다.

Q1. 지금 당신 앞에 놓인 버거운 도전이 있나요? 있다면 어떤 도전인가요?

Q2. 버거운 상황에서 당신이 쓸 수 있는 상위 재능이 무엇인지 두 가지만 생각해보세요. 어떤 재능이 떠오르나요?

Q3. 당신이 고른 2개의 재능으로 버거운 상황을 어떻게 새롭게 바라볼 수 있나요?(새로운 프레임) 어떤 프레임이 적합할까요?

_____

_____

_____

_____

Q4. 바뀐 프레임으로 바라본 상황 속에서 당신은 어떤 모습으로 빛나고 있나요?

_____

_____

_____

_____

3부 강점을 삶으로 연결하는 12단계 솔루션

강점으로
역동하기

미국 오하이오주에 사는 소방관 카일 슐츠는 소방관 임무에 자부심을 가지고 있는 남자였습니다. 그러나 본업만큼이나 사랑하는 일이 하나 더 있었습니다. 그 일은 '사람들이 멋진 사진을 찍게 하고 싶다'라는 마음에서 비롯된 일이었고, 결국 마음의 목소리에 따라 행동을 계획했습니다. 그는 그렇게 부모들을 위한 온라인 사진 교육을 시작하게 되었습니다. 반응이 좋았습니다. 첫 출시 만에 2,500만 원어치의 온라인 교육을 팔았으니까요. 그러나 그 정도 성취로 본업인 소방

관을 포기할 수는 없었습니다. 전직을 결심할 수 있는 더 든
든한 숫자가 필요했죠.

방법을 모색하던 슐츠는 어느 날 '스토리 브랜드 만들기'라
는 팟캐스트를 구독하게 됩니다. 팟캐스트 진행자 도널드 밀
러의 메시지는 간단하고, 강력했습니다.

"아주 간결하게 고객 입장에서 메시지를 전달하세요!"

고객을 위한답시고 설명이 더해지고 장황해지면 결국 고객
은 설명을 듣기 전보다 혼란스러워진다는 것이 밀러의 핵심
메시지였습니다.

슐츠는 깨달았습니다. 자신이 제공하는 부모들을 위한 온라
인 사진 교육 웹사이트는 너무 장황한 설명을 담고 있었습
니다. 밀러의 조건에 따라 슐츠는 수십 가지의 사진기 종류,
렌즈의 효과, 사진 촬영 기법에 대한 용어들을 모두 덜어냈
습니다. 그리고 10퍼센트의 메시지만 남겼죠.

"배경을 흐릿하게 처리해서 근사한 아이들 사진을 찍어

보세요."

그리고 6개월 전에 이미 광고를 보냈던 사람들에게 다시 수업을 제안했습니다. 반응은 놀라웠습니다. 매출이 4배가 늘어 1억 원어치가 팔렸습니다.

슐츠는 사진 전문가 입장에서 서비스를 설명하지 않고 고객입장에서 설명했습니다. 서비스를 받기 전과 받은 후의 삶이 어떻게 변할지에 대해 쉽게 간결하게 설명했을 뿐이었죠.

슐츠의 이야기에 담긴 지혜는 강점을 기반으로 한 협업에도 적용됩니다.

"우리 팀에서 필요한 역할은 무엇일까?"
"여러 역할을 가장 탁월하게 수행할 수 있는 적임자들은 누구일까?"

이런 질문을 팀에 던졌을 때 간단하고도 명확하게 대답을 할 수 있어야 합니다.
팀을 자동차에 비유해 보면 조금 쉽게 이해할 수 있습니다.

자동차의 주요 부분을 예시로 들어보며 팀원들의 얼굴, 팀원들의 재능을 떠올려볼까요?

<자동차의 주요 부분 예시>

1. 엔진

팀을 움직일 수 있는 기본적인 에너지를 생산하는 역할은 누가 제일 잘할 수 있을까요?

2. 차체

팀의 외형을 유지하고 외부의 저항을 줄이는 역할은 누가 제일 잘할 수 있을까요?

3. 핸들

팀이 가고자 하는 방향으로 리드하고, 위기 상황을 대비하는 역할은 누가 제일 잘할 수 있을까요?

4. 램프

팀이 악조건 속에서 목표를 달성해야 할 때 어두운 길을 밝혀주고, 외부 파트너들과 팀의 상황을 신속하게 공유하는 역할은 누가 제일 잘할 수 있을까요?

5. 계기판과 대시보드

운전에 필요한 각종 정보를 효과적으로 축적하고 업데이트하는 역할은 누가 제일 잘할 수 있을까요?

6. 변속기

팀이 2보 전진을 위해 1보 후퇴해야 할 때 팀원들이 실망하지 않도록 설득하고 독려하는 역할은 누가 제일 잘할 수 있을까요?

만약 당신 팀에서 주요 역할에 맞는 각각의 적임자 얼굴을 떠올릴 수 있고, 그들이 최상의 성과를 내며 유기적으로 협업하고 있다면 감사한 일입니다. 그러나 적임자가 마땅치 않거나, 담당자가 있긴 하지만 최상의 성과를 내고 있지 못하다면 그들의 강점이 무엇인지 제대로 바라보는 시도가 필요합니다.

이럴 때, 각 팀원이 가진 상위 재능 5가지가 무엇인지 정리해보세요. 그리고 팀의 중요한 역할을 나누어 단 한 명의 탁월한 적임자가 누구인지 떠올려보기 바랍니다. 한 명을 떠올리는 일이 힘들다면 적임자의 역할을 해낼 수 있는 두 명의 얼굴, 세 명의 얼굴을 떠올려보아도 좋습니다.

물론 적임자라고 여겨지는 사람을 그 자리에 앉히는 일만으로 팀의 강점 기반 협업이 완성되지 않습니다. 우리의 삶은 반듯하고 깨끗한 길로만 갈 수 없습니다. 팀의 여정도 마찬가지입니다. 그래서 팀의 협업은 역동Dynamic입니다. 서로 얽혀 있는 사람들 사이의 다이나믹한 힘이 유기적으로 맞물려 작동해야 합니다.

예비 적임자를 떠올릴 수 있게 되면, 그 각자의 자리에서 지혜롭게 노하우를 쌓아갈 수 있도록 지원해주시기 바랍니다. 그들이 각자의 자리에서 다양하고 위대한 실험을 많이 실행하고 작게 넘어지고 크게 배우고 다시 일어서 나아갈 수 있도록, 그래서 결국 누가 봐도 멋진 적임자가 될 수 있도록 도와주시길 바랍니다.

잊지 마세요. 최고의 나^{Best of me}와, 최고의 우리^{Best of me}는 당신과 팀이 서로의 강점을 기반으로 중요한 역할을 간결하고도 명확하게 이해하고 함께 역동시킬 때 구현될 수 있습니다.

팀의 목표와 역할을 간결하게 고객 입장에서 정해보세요

'꿈'이라고 부르면 만나지 못할 신기루로 느껴지기도 하지요?

그러나 구체적으로 꿈의 내용을 정리해간다면 꿈은 만나고 싶은 현실로 다가옵니다. 함께 이루고 싶은 사람들의 꿈을 구체적으로 그려보기 위해 팀의 사명Mission과 목표Vision을 구체적으로 써보세요.

Q1. 당신의 팀은 결국 어떤 세상을 만드는 일에 기여하기 위해 존재하나요?
(사명)

우리는 _____ 세상을 만들기 위해 존재합니다.

우리는 _____ 사람들을 돕기 위해 존재합니다.

Q2. 당신의 팀은 올해 어떤 기적을 이루고 싶은가요? (목표)

- 단기 목표: 3개월 후 이루고 싶은 기적

1. _____

2. _____

3. _____

- 중기 목표: 1~3년 후 이루고 싶은 기적

1. _____

2. _____

3. _____

- 장기 목표: 5~10년 후 이루고 싶은 기적

1. _____

2. _____

3. _____

Q3. 각 팀원은 팀에서 어떤 역할을 하나요? 자동차에 비유해서 설명해보세요.

엔진 _____

차체 _____

핸들 _____

램프 _____

계기판 _____

변속기 _____

강점으로
리드하기

옷을 수선하러 아파트 상가에 들렀습니다. 간단한 수선이기
도 했고, 2번 들르는 게 싫어서 가게에서 기다리기로 합니
다. 두리번거리다 매장 구석에 놓여 있는 의자를 발견하고
앉습니다. 앉으니 가게를 오가는 손님들이 자세히 보입니다.
고객은 모두 다른 용건으로 이곳을 방문했지만 사장님께 비
슷한 질문과 요청을 했습니다.

"사장님, 수선 언제까지 돼? 급한 거라 빨리 해주면 좋겠

는데?"

사장님은 내가 제일 급하다며 들이닥치는 손님들을 줄줄이 맞이하면서도 느긋하고 밝은 표정을 유지합니다. 손님의 사정과 스케줄에 맞춰 수선을 완성해주려는 마음이 고스란히 느껴졌습니다. 손님들 대부분의 요구는 받아들여졌고, 더러 무리한 요구를 하는 손님들과도 조율해가면서 일의 순서와 완료 시간을 조정해가는 사장님. 손님들은 저마다의 용무를 전하고 약속을 잡고 유쾌하게 수선집을 떠났습니다.

그런 장면을 지켜보던 제게 궁금증이 생겼죠. 잠시 한가한 틈을 타서 사장님에게 질문을 던졌습니다.

"사장님, 여기 오시는 분들은 모두 급한 사람이네요. 스트레스가 많으시겠어요?"
"(웃음) 처음엔 스트레스가 많았어요. 한 3년 지나니까 적응이 되더라고요. 이제는 괜찮아요."
"구경만 하는 저도 마음이 급해지는데, 대단하세요."
"만만한 일은 아녜요. 안 그래도 얼마 전에 아들이 휴가 나와서 엄마를 돕겠다고 나섰는데 이틀 만에 두 손 두 발 다 들고 더는 못하겠다고 하더라고요. '엄마, 계속 이렇게 일 했어? 일이 순서도 없고 급하다는 손님들은 쏟아지고……. 난 더 못하겠어'라고 하더라고요."

"그래서 아들을 보내주셨어요?"

"아뇨, 손이 얼마나 귀한데요. 제가 손님 응대하고 아들에게는 간단한 재봉 기술을 먼저 가르쳤어요. 일의 순서는 제가 정해주니까 아들이 안정을 찾더라고요. 조금씩 적응할 수 있도록 아들에게 여유 시간을 줬어요."

어떤가요? 2인이 속한 팀에서도 강점을 중심에 둔 리더십은 구현될 수 있습니다. 강점 기반 리더십은 생각보다 단순하게 출발할 수 있습니다. 나 혼자만의 힘으로는 부족하다고 느껴질 때 손을 잡고 가겠다는 마음으로 시작하는 것이 리더십이라면, 강점을 중심에 둔 리더는 한발 더 나아갑니다. 나만의 힘으로 갈 수 없는 길을 누군가의 손을 잡고 가겠다는 마음과 함께 나와 파트너의 강점을 함께 떠올리고 활용합니다.

강점을 중심에 둔 리더는 두루두루 잘하는 사람을 반기지 않습니다. 나와 비슷한 사람과 만나는 일보다 나와 다른 사람을 만나는 일에서 큰 기회를 봅니다. '비슷한 우리'보다 '다른 우리'를 먼저 구합니다.

'다른 우리'가 '같은 우리'보다 강력한 팀을 이룰 수 있다는 사실을 알고 있다면 상대와 내가 다를수록 기쁩니다. 강점을 중심에 둔 리더는 그렇게 다른 우리로 문제 해결을 위해 나아갑니다. 강점 기반 리더십은 서로 다르다는 이유로 스트레스를 받지 않습니다.

목적지가 같아도, 그곳에 도달하는 방법은 모두 다릅니다. 그 사실을 이해하고 인정하면 팀원이 버거워하는 순간에서 팀원을 구해줄 수 있습니다. 위기 상황에 놓인 팀원을 볼 때 그의 재능으로 극복해낼 수 있는 단서를 찾아보세요. 그리고 리더의 재능으로 도울 수 있는 부분이 있는지 살펴보세요. 리더의 강점으로 팀원이 버거운 순간을 도울 때 리더가 버거운 순간을 채워줄 팀원의 강점이 마련될 수 있습니다. 잊지 마세요. 팀의 위기는 리더와 팀원의 새로운 탁월함이 등장할 수 있는 기회입니다.

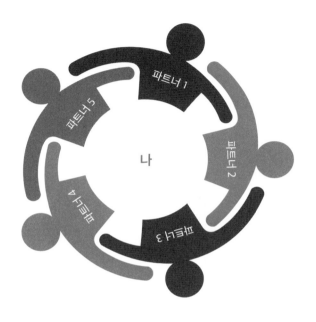

그림 12 강점 기반 파트너십의 원

삶에서 추구하는 가치가 비슷하고, 재능은 전혀 다른 파트너 있나요?
그 사람을 놓치지 마세요! 꼭 잡으세요! 당신 삶에 가장 멋진 파트너가 될 수 있
는 사람이랍니다.

←⋯ 강점 솔루션 11단계 ⋯→

위기에서 새로운 탁월함을 꺼내세요

Q1. 누군가와 함께 성취해야 목표가 있나요? 우선 순위 목표, 하나만 써보세요.

우선 순위 목표

" _____ "

Q2. 목표를 이루기 위해 필요한 핵심 역량이 있다면 무엇인가요?

핵심 역량 1. _____

핵심 역량 2. _____

핵심 역량 3. _____

Q3. 팀원들의 어떤 재능으로 핵심 역량을 만들 수 있을까요?

	핵심 역량 1	핵심 역량 2	핵심 역량 3	비고
기술				
리더의 재능				
팀원 1의 재능				
팀원 2의 재능				
팀원 3의 재능				

⋯→ 목표 달성을 위해 꼭 필요한 역량이지만 우리 팀의 재능만으로 달성하기 어렵다면 누구의 도움을 받을 수 있을까요?

--------------------------------→←------------------------------

강점으로
사랑하기

--------------------------------→←------------------------------

사람으로 태어나 연어의 속을 모두 이해할 수 없지만 자라던 곳을 떠나는 연어의 마음을 내 마음에 대입해보면 '더 큰 물에서 자유롭게 노닐고 싶어서'라고 느껴집니다. 공간의 제약 없이, 마음껏 헤엄치고 솟구치며 자유를 누리고 싶었던 마음이 저에게도 있으니까요. 그러나 떠났던 연어의 마음보다 더 궁금한 것은 다시 돌아오는 마음입니다.

"왜 남대천의 연어는 성어가 되면 자라면서 떠났던 곳으로 다시 돌아올까요?"

처음부터 내 마음으로 연어를 바라보았으니, 이번에도 내 마음으로 연어를 바라봅니다. 떠나고 싶어 떠났던 곳으로 다시 돌아오는 마음은 '해야 할 숙제가 남아서'가 아닐까 싶습니다. 연어로 태어난 삶에 마지막 미션이 자신이 태어난 곳에서 기다리고 있기 때문이 아닐까 싶습니다.

여기 또 하나의 연어 이야기가 있습니다. 어린 연어와 어른이 된 연어를 떠올리게 하는 주변의 이야기입니다.

지금 시간은 오전 8시. 한 대학교의 교내 식당입니다. 100명이 넘는 대학생들이 아침 식사를 위해 교내 식당을 찾았네요. 학생들의 식판에는 갓 지은 따뜻한 잡곡밥과 홍합이 들어간 미역국, 소시지 볶음과 두부조림, 배추 겉절이가 차례로 놓입니다. 든든하게 아침을 먹고 하루를 시작하는 학생들을 보니 바라보는 사람도 기분이 좋아집니다.

얼마 전 아침 식당의 풍경을 생각하면 학생이 꽤나 많이 늘었습니다. 2,500원짜리였던 아침밥이 1,000원이 되었거든요. 덕분에 밥값이 부담스러워 아침을 거르던 대학생들이 아침을 챙길 수 있게 되었습니다. 이유가 궁금하시죠? 키다리 아저씨가 도움을 주었습니다. 타향살이에 지치고, 취업 준비에 지친 대학생들의 호주머니 사정을 제일 잘 아는 사람이 키다리 아저씨였거든요. 키다리 아저씨도 그 길을 걸어왔던 사람입니다. 경험했던 길이기에 지금 대학생들의 심정을 누구보다 더 잘 알았죠. 그렇게 학교 선배들은 후배들의 키다리 아저씨가 되어주었습니다. 다 자란 연어가 자신이 성장해 떠나온 곳으로 돌아가 어린 연어에게 선물을 주는 것입니다. 후배 사랑 학식은 점점 많은 선배들의 후원으로 점점 더 많은 후배들의 아침을 든든하게 채워주었습니다.

다 자란 연어도 어린 시절을 거쳐왔습니다. 당연하지만 다 자라고 나서는 어린 시절을 잊은 듯 살기 쉽습니다. 저에게도 치열했지만 막막했던 청년 시절이 있었습니다. 사회 초년생이었던 때의 저를 생각하면 '최대한 열심히, 무엇이든 열심히'가 얼마나 많은 실수와 시행착오를 겪게 하는지 느끼게 되고, 지금 생각하면 웃음이 나기도 하고 반성이 되기도 합니다.
그럴 때 저를 위로해주던 선배들이 있었습니다.

"고생이 많지?"

"처음엔 그럴 수 있어! 어깨 쭉 펴고 다녀라!"

"나도 그런 적 있어. 다 겪는 과정이니까 힘내라!"

초행자를 위로해주는 사람들이 있다면 초행자는 다음 걸음을 내딛을 수 있습니다. 넘어진 곳에서 다시 일어나 걸어갈 수 있도록 도와주는 이들이 있다면, 초행자는 넘어진 곳에서 배우고 성장할 수 있습니다. 어쩌면 그런 선배들 덕분에 지금 제가 있는지도 모르겠습니다. 후배가 넘어진 그곳에서, 자기 갈 길도 바빴지만 멈추어 손을 내밀던 선배들은 그렇게 제 인생으로 들어와 지금까지도 삶을 나눌 수 있는 절친 선배들이 있습니다.

지금은 선배들이 말합니다. 다 늙은 자신을 만나 활기를 나눠주니 고맙다고요. 관계의 빈곤으로 진입하는 중년 이후의 삶에서 그들의 삶이 든든한 이유는 청년 시절, 선배 시절 자신의 재능을 기반으로 긍휼을 베풀었기 때문이지요. 아주 값진 열매입니다.

우리는 안락한 삶을 살고 싶습니다. 우리는 행복한 삶을 살고 싶습니다. 그러나 행복한 삶 너머에 있는 의미 있는 삶을 경험해본 사람들은 압니다. 소유와 향유의 기쁨은 비교할 수 없이 다르다는 것을 압니다. 나 혼자 가져서 찾아오는 소유의 기쁨과, 함께 나누어서 찾아오는 향유의 기쁨은 울림이 다릅니다. 향유로 인해 얻어지는 기쁨의 여운이 훨씬 길고 향기롭습니다. 쇼핑보다 오락보다 봉사가 더 길게 충만함을 전해주는 이유도 거기에 있겠지요.

어떠세요? 당신이 가진 강점으로 당신이 이전보다 안락하게, 이전보다 행복하게 살고 있다면, 다음은 당신의 강점이 가진 힘과 따뜻함을 향유해보세요. 자신의 강점을 남과 나누어보세요. 당신 삶의 향기가 깊어집니다. 소유와 비교하지 못할 충만함으로 돌아옵니다. 강점으로 채워진 당신, 이제 강점을 비처럼 뿌리세요. 당신이 걸어온 길 위에 당신의 손길을 필요로 하는 어린 연어들에게 당신의 강점을 마구 나누어주세요. 더욱 충만해질 당신의 삶을 위해서!

어린 연어에게 당신의 강점을 나누어주세요

당신의 재능으로 삶이 충만해졌다면 다음은 당신의 재능으로 주변을 밝혀주세요. 아무도 피해갈 수 없는 죽음의 순간을 맞이할 때, 당신이 남기고 싶은 삶의 의미와 연결해보아도 좋습니다.

Q1. 당신이 걸어온 삶의 길을 되돌아보세요. 당신은 10년 전, 20년 전, 30년 전 어떤 고민을 가진 사람이었나요?

_____

_____

Q2. 당신의 과거와 닮은 어린 연어가 있다면 누구일까요?

대상 1. _____

대상 2. _____

Q3. 어린 연어를 돕기 위해 당신의 재능을 나눌 수 있는 가장 작은 시도와 행동은 무엇일까요?

시도 1. _____

시도 2. _____

행동 1. _____

행동 2. _____

당신이라는 이름의 조나단에게

조나단 리빙스턴.

많이 들어본 이름이지요? 1970년에 발표되어 전 세계 40개 언어로 번역된 책. 세대와 시대를 아울러 4,000만 부 이상 팔린 책. 맞습니다. 조나단은 리차드 바크의 소설《갈매기의 꿈》에 등장하는 주인공 갈매기입니다. 이 책에서 저는 때로는 위로를, 때로는 삶의 지혜를 얻습니다.《갈매기의 꿈》은 제 마음이 흔들릴 때마다 찾아보는 귀한 벗입니다.

제가 이 책을 사랑하게 된 이유를 되짚어보니, 저에게도 날고 싶은 마음이 있었던 듯싶습니다. 그런 저에게 조나단은 남달라 보였습니다. 함께 보여드리고 싶은 책 속의 두 장면이 있습니다.

한 장면에는 해안가 근처, 낚싯배와 수천 마리의 갈매기가 등장합니다. 책 속의 문장을 한번 보시죠.

> 해안에서 2킬로미터 못 미치는 곳에서 낚싯배가 바다에 밑밥을 뿌리자 하늘에서 아침 먹이를 찾는 새들에게 소식이 전해졌다. 결국 천 마리쯤 되는 갈매기 떼가 먹이를 얻으려고 서로 밀고 다투었다. 분주한 하루의 시작이었다. 그러나 저 멀리 배와 해변에서 떨어진 곳에서 갈매기 조나단 리빙스턴은 홀로 연습 중이었다.

서로 밀고 치이며 낚싯배가 던진 밑밥을 먹기 위해 매일같이 서로 다투는 모습, 어떠세요? 그 장면 속에서 떠오르는 사람, 혹은 떠오르는 순간이 있나요?

저는 그 장면 속에서 저는 보았습니다. 젊은이와 리더들을 만나고 물어보아도 이 장면 속에서 자신을 보게 된다고 고백하는 사람이 많더군요. 그리고 하나같이 해변에서 멀리 떨어진 곳에서 연습하던 조나단이 결국 어떻게 되었는지 궁금해했습니다.

다음에 보여드릴 장면이 바로 그 궁금증에 대한 해답을 담고 있습니다. 한번 보실까요?

> 그는 하루하루 배워나갔다. 유선형의 고속 낙하를 하면 수심 3미터 깊이에 몰려 있는 희귀하고 맛 좋은 물고기들을 찾을 수 있다는 것을 알았다. 이제 낚싯배와 상한 빵 부스러기에 의지해 연명할 필요가 없었다. 조나단은 훌륭한 삶을 오래 살았다.

그렇습니다. 조나단은 훌륭한 삶을 오래오래 살았습니다. 살기 위해 상한 빵 부스러기에 연명할 필요도 없었고, 아침에 눈을 뜨자마자 동료들과 싸울 필요도 없었습니다. 왜냐고요? 자신의 날개로 배우고 익히며, 희귀하고 맛좋은 물고기를 찾아 먹을 수 있는 탁월한 성취의 비밀을 풀어냈기 때문입니다.

1. 당신에게도 날아가고 싶은 곳이 있나요?

2. 살아가면서 꼭 한 번 만나고 싶은 자신의 모습이 있나요?

그렇다면 《갈매기의 꿈》 속의 조나단을 기억하세요. 아직 날아보지 못했다고 해도 당신에게도 이미 조나단처럼 훌륭한 날개가 있다는 사실을 믿으세요. 그리고 오직 당신만이 당신이 원하는 삶으로 선회할 수 있으며, 당신의 날개와 탁월한 삶의 성취를 연결할 수 있다는 사실도 기억하세요.

더불어 그 길로 가기 위해 용기 내어 출발선에 선 당신을 응원합니다. 길을 가다가 넘어지고 좌절하는 순간이 오면 "내 너를 만날 줄 알았다. 각오하고 온 길이다. 그래도 가보련다"라고 말해주세요. 그렇게 다시 일어나서 다시 도전하는 당신을 응원합니다.

그 길의 끝에서, 상상하기조차 벅찼던 존재가 되어 있는 빛나는 당신을 만나거든 "내 너를 만날 줄 알았다. 믿고 오던 길이다. 여기까지 와주어 고맙다"라고 말해주세요. 당신은 강점이라는 날개로 그렇게 훨훨 날 수 있는 조나단입니다.